第三,剖析我国体育产业高质量发展的内生动力与外生调节机制。实证研究发现:首先,在内生动力机制方面,从供给机制看,本地区资本供给、劳动供给及技术进步均能对体育产业发展产生积极影响;从需求机制看,本地区日益增长的消费需求能够积极促进本地区体育产业增长。其次,在外生调节机制方面,本地区政府财政支持政策能够显著推动本地区体育产业发展。再次,就产业结构优化来说,产业结构优化表现为第三产业比重的持续上升,但由于体育产业中有很大一部分行业隶属于第二产业,或者由第二产业直接衍生而来的关联行业,本地区产业结构优化对本地区体育产业的发展很可能具有消极影响。最后,对于市场化水平而言,本地区市场化水平的提升未能对本地区体育产业的发展产生积极显著的影响,而邻近地区市场化水平的提升则会对本地区体育产业的发展产生显著的负面影响。这主要是因为相对发达国家而言,我国体育产业发展仍旧处于起步阶段,体育产业发展的市场环境也尚未成熟健全,加之各地区体育产业发展存在较为严重的地区不平衡问题,导致市场化水平的提升反而可能不利于体育产业的茁壮成长。值得注意的是,本地区开放程度、地区交通设施水平的提升对本地区体育产业的发展影响不显著,但邻近地区开放程度、地区交通设施水平的提升能够对本地区体育产业的发展产生显著的积极影响。

第四,论证并检验我国体育产业高质量发展的门槛约束机制。本书揭示体育产业发展随居民收入水平变化的动态特征的同时,进一步利用传统面板模型和面板门槛模型实证检验我国居民收入水平对体育产业增长影响的非线性特征。在不同收入水平地区,体育产业固定资产投资对地区体育产业产值增长的影响呈现出带有明显结构变化的非线性特征,这种特征具体表现为:我国各地区体育产业固定资产投资对地区体育产业增长的影响受地区城镇居民人均可支配收入水平的约束,且存在较为显著的单一门槛特征。在城镇居民人均可支配收入较低的地区,增加体育产业投资对地区体育产业增长的影响较小。但是,在城镇居民人均可支配收入较高的地区,增加体育产业投资会显著地促进地区体育产业产值的增长。基于面板门槛模型实证估计结果,结合当前我国居民可支配收入的横截面数据进行分析可以发现,我国绝大多数省份的城镇居民可支配收入均高于"门槛值"。结合当前我国体育产业投资水平不足的实际,在我国大部分地区加大体育产业投资能够在一定程度上带动地区体育产业的发展。

第五,系统剖析我国体育产业高质量发展的产业关联机制。本书借助产业关联机制分析的经典模型——投入产出模型,分析了我国体育产业对其他产业部门的直接和间接的消耗、分配情况,揭示了我国体育产业对其他国民产业部门的依存和波及程度。研究发现:近年来,体育产业直接消耗较大的部门相对稳定,分别是制造业、住宿和餐饮业以及交通运输、仓储和邮政业。另外,我国体育产业对公共管理、社会保障和社会组织行业的完全消耗上升最快,其次是水利、环境和公共设施管理业,再次为房地产业。近年来,体育产业对信息传输、软件和信息技术服务业的完全消耗也呈上升趋势,说明体育产业与信息产业的融合依赖程度越来越高,这对于我国体育产业实现高质量跨越式发展来说是一个非常积极的信号。但根据2018年的投入产出分析,现阶段,我国体育产业与信息产业的融合程度依然是比较低下,"互联网＋体育经济"融合发展还有很大的潜在提升空间。此外,近年来,除了被直接消费掉的部分,体育产业的产品和服务直接或间接"去向"均为本产业部门,而且我国体育产业对本产业部门的直接分配系数和完全分配系数均呈快速上升态势。此结论表明,我国体育产业不断朝着多元化、高度化方向发展。在社会扩大再生产的过程中,体育产业的产品和服务不再单纯地被直接消费掉,而是越来越被作为中间产品回流到本产业部门中进行深加工。我国体育产业进一步朝着"精耕细作"的方向发展,体育产业的产业链条进一步拉长,体育产品和服务的附加值不断提升。

  本书系统论述了我国体育产业高质量发展的机制,基于多元视角实证剖析了我国体育产业高质量发展的内外在影响因素,并在最后提出了相关政策启示。本书成果预期能够为提高我国体育产业发展水平,优化体育产业结构,推动体育强国、健康中国等国家战略的深入贯彻落实,提供一定的理论依据和经验启示。

目 录

第1章 绪论 …………………………………………………… 001
    1.1 研究背景与意义 ………………………………………… 001
    1.2 相关文献综述 …………………………………………… 004
    1.3 研究思路与方法 ………………………………………… 013
    1.4 研究内容与结构 ………………………………………… 015
    1.5 主要创新与不足 ………………………………………… 017

第2章 我国体育产业高质量发展机制相关概念界定与理论分析 …………………………………………………………… 020
    2.1 相关概念界定 …………………………………………… 020
    2.2 相关理论基础 …………………………………………… 025
    2.3 体育产业高质量发展机制理论分析 …………………… 038
    本章小结 ……………………………………………………… 052

第3章 我国与典型发达国家体育产业发展状况对比分析 …… 054
    3.1 我国体育产业发展概况 ………………………………… 054

3.2 典型发达国家体育产业发展概述 ……………………………… 071
3.3 我国与发达国家体育产业发展状况对比分析 …………………… 083
本章小结 ……………………………………………………………… 086

第4章 我国体育产业高质量发展内生动力与外生调节机制实证分析 …………………………………………………………… 088
4.1 空间计量经济学概述 ………………………………………… 088
4.2 我国体育产业发展的空间相关性检验 ………………………… 091
4.3 体育产业高质量发展内生与外生机制实证检验 ……………… 095
本章小结 ……………………………………………………………… 110

第5章 我国体育产业高质量发展的门槛约束机制实证分析 …… 112
5.1 体育产业及体育产业投资统计分析 …………………………… 112
5.2 面板门槛模型介绍 ……………………………………………… 116
5.3 体育产业高质量发展门槛机制实证分析 ……………………… 119
本章小结 ……………………………………………………………… 125

第6章 我国体育产业高质量发展产业关联机制实证分析 ……… 127
6.1 体育产业关联机制分析模型介绍 ……………………………… 127
6.2 体育产业对其他产业部门依存度静态分析 …………………… 132
6.3 体育产业对其他产业部门依存度动态分析 …………………… 142
6.4 体育产业对其他产业部门波及效应分析 ……………………… 148
本章小结 ……………………………………………………………… 150

第7章 政策启示 ……………………………………………………… 151

参考文献 ……………………………………………………………… 157

第1章 绪　　论

1.1 研究背景与意义

1.1.1 研究背景

体育产业是民生产业、绿色产业,也是蓬勃发展的新兴产业。改革开放以来,我国体育产业从无到有、由弱转强,是拉动经济增长的重要力量。立足新发展阶段,体育产业对于提升文化软实力,推动经济转型升级更是具有举足轻重的作用。自2010年我国首次从国家层面对体育产业进行规划梳理并提出目标任务以来,体育产业发展步入快车道。特别是伴随着体育强国、健康中国、全民健身等国家战略的深入实施,体育产业总体规模逐渐壮大,发展水平不断提高。党和国家高度重视体育产业的发展。习近平总书记多次强调,做大做强体育产业。国务院原总理李克强也屡次指出,积极做好体育经济这篇大文章。2019年9月,国务院办公厅印发《关于促进全民健身和体育消费推动体育产业高质量发展的意见》(以下简称《意见》)。《意见》指出,体育产业在满足我国人民日益增长的美好生活需要方面发挥着不可替代的作用。现阶段,要以习近平新时代中国特色社会主义思想为指导,强化体育产业要素保障,激发市场活力和消费热情,推动体育产业成为国民经济支柱性产业。

党的十九大报告明确提出,我国经济已由高速增长阶段转向高质量发展阶段。"高质量发展"为体育产业创造出新环境的同时,也对体育产业的发展提出了更高要求(江小娟,2019)。体育产业的发展不仅能给经济社会发展带来新的活力和动力,同时也能够发挥"旁侧效应",带动相关联产业的发展,增加社会就业岗位,优化产业结构,促进经济发展转型升级。(张亮等,2018)当前,体育产业逐步进入发展的黄金期,体育产业发展的经济效益与社会效益逐渐显现。体育产业快速扩张,对经济发展的贡献率稳步上升。2020年,全国体育产业实现总产值27372亿元,占GDP比重上升至1.06%。体育产业结构不断优化,体育服务业增加值占体育产业增加值的比重提高至68.7%,打破了由传统制造业拉动体育产业增长的局面,发展韧性持续增强。此外,体育产业与相关产业关联度与日俱增,新兴体育融合业态也不断涌现,体育产品日渐丰富,服务品质不断提升。但发展过程中许多新问题也逐渐暴露,体育产业发展整体水平低下、市场发育不健全、结构不合理、经营管理存在诸多乱象、投融资体系不完善以及专业人才缺乏等问题(张亮、王文成,2021),严重制约着我国体育产业的发展。为促进我国体育产业适应现阶段经济社会发展的新趋势和新要求,推动体育产业高质量发展,研究体育产业高质量发展的驱动机制已刻不容缓。

1.1.2 研究意义

体育产业高质量发展是建设体育强国的时代需要。发展体育产业既能提高人民健康福利水平,更好地满足人民群众的体育需求,又能为推动国民经济可持续增长增添新动能,开拓新的经济增长点。研究体育产业高质量发展机制对于推动体育产业逐步成为国民经济支柱性产业、激发体育产业内在活力有重要意义。本书在分析我国体育产业的演变、现状和问题,总结发达国家体育产业的发展经验的基础上,基于理论分析和实证检验剖析我国体育产业发展的具体机制,进而提出相应的对策建议。以期为我国体育产业高效发展,为体育强国、健康中国的加快构建提供一定的理论指导与经验启示。

(1) 理论意义

本书以我国体育产业高质量发展机制为研究对象,结合产业经济学相关理论分析体育产业的发展机理与运行机制,同时运用现代数理模型、统计模型和计量模型检验相关理论在我国的适用性和可行性,探索适合我国发展实践的体育产业发展的理论体系;于新时代背景下,从理论和实证层面系统分析体育产业发展机理,揭示影响和推动体育产业发展的内在和外在机制。研究结论预期能够在一定程度上完善体育产业发展的相关理论,并对经济新动能理论体系的构建提供参考。

(2) 实践意义

体育产业作为绿色经济的重要组成部分,是培育新动能、发展新经济的有力抓手,也是实现绿色低碳发展的重要支撑力量。发展体育产业既能提高人民健康福利水平,又能为推动国民经济可持续增长注入新的活力,开拓新的经济增长点。本书的实践意义在于:第一,通过理清体育产业发展的内外部关系,为各级政府促进产业间分工与协作、提升体育产业效能提供政策启示;第二,立足整体和区域两个视角,分析我国体育产业发展现状,并揭示区域间体育产业发展互动机制,为各地区政府制定和完善体育产业发展政策提供科学依据;第三,通过对体育产业高质量发展机制进行细致剖析,针对性地提出相应启示。研究结论预期为提升我国体育产业发展的质量和效益,更好地满足人们消费升级的新需求提供经验借鉴。

1.2 相关文献综述

20世纪90年代，我国体育开始走上职业化和商业化发展的道路，体育产业也随之兴旺。同发达国家相比，我国体育产业的发展和研究起步较晚（徐运君，2011）。但伴随着我国经济快速增长，体育产业也呈现蓬勃发展的态势，体育产业的相关研究成果日益丰硕，为我国体育产业发展提供了诸多经验。由于我国体育产业发展历程相对较短，现有相关研究的维度和深度还有待进一步拓展，且随着现代数理统计模型的不断发展，体育产业相关的研究方法还有待进一步优化。

1.2.1 体育产业内涵相关研究

现阶段，体育产业的蓬勃发展催生了体育产业的研究热潮。研究体育产业首先要对体育产业相关概念进行界定。本书基于已有文献，将体育产业的概念进行归纳，分述如下：

国内外众多学者认为，体育产业是指所有生产与经营体育用品或服务的企业集合。就国内研究来看，伍绍祖（1995）将体育产业概括为体育本体产业（由体育部门管理，以提供体育服务为主）、体育相关产业（与体育有关的生产经营活动）和体办产业。即体育产业是一切与体育相关的生产与经营活动的部门总和。卢元镇等（2001）认为，体育产业是基于体育自身的功能和辐射作用，为社会提供体育产品的同一类经济活动的集合或部门总和。李建设（2006）同卢元镇等（2001）的基本观点类似，认为体育产品包括体育物质产品和体育服务产品，其统计口径横跨第二、三两个产业。方春妮（2009）也持有类似观点，把体育产业划分为体育用品制造业和体育服务业。

国外也有部分学者对于体育产业的理解和界定与上述观点趋同。

Research on the High-Quality
DEVELOPMENT MECHANISM
of China's Sports Industry

中国体育产业
高质量发展机制研究

张 亮 ◎著

图书在版编目(CIP)数据

中国体育产业高质量发展机制研究 / 张亮著. -- 北京：北京大学出版社，2024.12. -- ISBN 978-7-301-35860-3

Ⅰ. G812

中国国家版本馆 CIP 数据核字第 2024VD9818 号

书　　　名	中国体育产业高质量发展机制研究 ZHONGGUO TIYU CHANYE GAOZHILIANG FAZHAN JIZHI YANJIU
著作责任者	张　亮　著
责任编辑	姚文海　张宇溪
标准书号	ISBN 978-7-301-35860-3
出版发行	北京大学出版社
地　　　址	北京市海淀区成府路 205 号　100871
网　　　址	http://www.pup.cn　新浪微博：@北京大学出版社
电子邮箱	zpup@pup.cn
电　　　话	邮购部 010-62752015　发行部 010-62750672　编辑部 021-62071998
印 刷 者	北京鑫海金澳胶印有限公司
经 销 者	新华书店
	730 毫米×1020 毫米　16 开本　11.25 印张　202 千字 2024 年 12 月第 1 版　2024 年 12 月第 1 次印刷
定　　　价	68.00 元

未经许可，不得以任何方式复制或抄袭本书之部分或全部内容。
版权所有，侵权必究
举报电话：010-62752024　电子邮箱：fd@pup.cn
图书如有印装质量问题，请与出版部联系，电话：010-62756370

前　　言

　　体育产业是民生产业、绿色产业,也是蓬勃发展的新兴产业。体育产业的发展不仅能给经济社会发展带来新的活力和动力,也能够发挥"旁侧效应",带动关联产业的发展,增加就业岗位,优化产业结构,促进经济转型升级。目前,我国体育产业规模不断扩大,对经济发展的贡献率稳步上升,体育产业同其他相关产业呈现出协同发展的良好态势。但当前我国体育产业发展也面临一系列问题,如有效供给不足、产业结构不合理、核心产业缺乏、市场驱动力不足等,这些问题严重制约着我国体育产业的可持续发展。本书旨在阐明体育产业高质量发展机制,以期为我国体育产业的健康发展,为我国体育事业的高效开展,为体育强国和健康中国的加快构建提供一定的理论指导与经验启示。

　　本书的主要研究内容为:首先,对体育产业、体育产业高质量发展以及体育产业高质量发展机制的内涵进行了界定和阐述;其次,梳理了我国体育产业的演进脉络,同时剖析了我国体育产业发展的现状与问题;再次,基于理论层面阐述了我国体育产业高质量发展的内在和外在机制;复次,利用我国体育产业发展的相关数据,借助现代计量模型、投入产出模型等数理统计方法对机制进行实证检验;最后,基于理论和实证分析的结论,就如何促进我国体育产业实现高质量发展,提出具体的政策启示。

　　第一,揭示我国体育产业高质量发展具体机制。从本质上讲,体育产业高质量发展机制反映的是影响体育产业发展的各相关要素和体育产业发展之间的内在逻辑关系及其运行体系。本书通过理论分析发现，要素供给和市场需求是推动体育产业高质量发展的最根本的双轮内生驱动力，而内生驱动机制又集中体现为要素供给机制和市场需求机制。另外，由于体育产品和服务需求通常属于较高层次的需求，体育产业也属于高收入弹性产业，因此只有当人们的收入水平超过一定"门槛限度"时，才会释放对于体育产品和服务的需求潜力。同时，本书注意到政府的调控机制对体育产业发展影响较大。政府主要通过政府规制、参与生产、政策扶持、调节收入分配、完善社会保障体系等手段影响和促进体育产业高质量发展。此外，体育产业的发展还会受到一系列其他环境变量（产业结构、市场化程度、对外开放程度等）的影响。最后，在经济社会扩大再生产的过程中，体育产业与其他相关产业部门之间存在着广泛的、紧密的产业关联机制。

第二，全面揭示我国体育产业发展的历程、问题与现状。我国体育产业发展大体经历了萌芽阶段（1978—1992年）、探索阶段（1992—2000年）、起步阶段（2000—2012年）以及发展阶段（2012年至今）。我国体育产业的发展模式集中体现为：政府主导、市场引导和大型体育赛事推动等方面的有机结合，呈现出先"制造"后"服务"的阶段性发展特征。虽然我国体育产业的规模不断扩大，结构持续优化，但是仍然存在一系列问题亟待解决，这些问题主要有：政策引导不够细化、政府职能定位不清晰、体育类社会组织发展滞后、缺少体育主导产业、发展不平衡、产品和服务供给质量有待提高等。对比发达国家体育产业的发展来看，发达国家普遍采取市场主导、政府参与的产业发展模式，政府角色偏向于服务型，且发展成熟的体育社会组织也深度参与至体育产业运转中；就体育产业内部结构来说，发达国家体育服务业在体育产业中占主导地位。综上所述，目前我国体育产业发展的规模、结构以及质量水平等方面与发达国家相比还存在不小差距。

Pitts 等(1994)将体育产业定义为,所有提供给顾客的体育和相关产品——货物、服务、地方、人员以及思想,具体包括体育表演、体育产品、体育推销。日本学者原田宗彦提出体育产业由体育用品业、体育场馆业和体育信息服务业构成,且伴随新兴业态的发展,体育物流、场馆管理以及混合产业开始出现并成为体育产业的一部分。

也有部分学者持不同观点,认为体育产业是指生产和提供体育服务或劳务产品的部门总和。史红军(2001)认为,体育产业不能包括制造类和体办产业。丛湖平(2001)持类似观点,认为生产物质类体育产品的企业不应纳入体育产业,并将运动场馆建造归于建筑业、运动器材类产品生产归于制造业、运动类服饰生产归于服装制造业。杨越(2003)则结合产业经济学的基本理论提出,体育产业的范畴仅限于生产和提供体育服务或劳务产品企业的集合。杨叶红等(2011)将直接用于消费者的体育服务或劳务的生产经营活动定义为体育产业活动。此外,部分学者将体育产业进行广义与狭义划分。广义的体育产业近似于第一类观点,狭义的体育产业则接近于第二类观点。刘燕舞(2007)依据此将广义的体育产业界定为,为满足消费者观赏或参与体育活动的休闲及娱乐需求,从事体育产品生产的企业或部门的集合;将狭义的体育产业定义为仅从事体育产品生产的企业组织的集合。

综合现有文献,目前学术界对于体育产业概念、内涵与外延的认识尚未达成一致,根本分歧在于是否将运动场馆建造、运动器材类产品制造、运动类服饰制造等实体产业纳入体育产业范畴。清晰界定体育产业的内涵与外延是研究体育产业高质量发展的基础,本书在已有文献和体育产业发展现状基础上重新界定体育产业相关概念,为后续研究的展开奠定基础。

1.2.2 体育产业发展机制相关研究

（1）国外体育产业发展机制

国外对于体育产业发展机制的研究多聚焦于体育产业发展的影响因素，而且大多数研究从财政政策、政策法规和体育发展模式等方面进行展开。俄罗斯自1994年1月起，就已将用于体育运动的财产平均值排除在纳税范畴外，以激励境外投资者投资俄罗斯体育产业（于世浩、房游光，1999）。美国则通过诸如全美冰球联盟、棒球大联盟、橄榄球联盟和足球大联盟等联盟体制类的制度因素拉动美国体育产业发展（鲍明晓，2000）。英国选择通过颁布《大众体育的未来》和《游戏计划》等政策法规，明确体育活动的行为主体和责任划分，以鼓励更多的人参与体育活动（徐通，2008）。综上可见，为促进体育产业发展，多数发达国家注重发挥产业政策的引领作用，并实施区块发展战略，建立产业动态评价机制，此外还依托体育赛事，加强体育传播和消费市场开拓（Jie Z, 2018）。以税收政策为例，多数经济体对体育产业相关活动实行税收优惠政策，特别是东欧和西方国家，税收减免是促进体育事业发展的重要手段之一。例如，在英国、法国举办具有慈善性质的体育公益活动的所得收入免税。此外，在英国组织体育比赛的部门如果得到慈善委员会的批准，就被确认为属于慈善机构，其收入也将免于纳税。西班牙规定，国家将在税收政策上对于向体育活动提供赞助的公司给予优惠（隋路，2011）。

另外，Hyysalo S（2010）强调了用户参与与适应、微观创新在体育类产业发展中的作用机制。Power D（2012）通过研究发现，用户创新者、专业用户、业余爱好者和内部人员对体育产业的发展，特别是在体育设备和服务的产品开发行业中能够发挥重要作用。Fredberg T（2011）以阿迪达斯企业为例进行研究，研究结论着重强调了创新在体育企业发展中的重要作用。此外，Mulligan J G（2011）通过研究发现，现阶段一些发达国家进行"体育＋旅游"的产业融合发展道路的同时，还积极利用先进技术，带动体育用品装备制造业的发展。

综上可见，在发达国家的体育产业内部，服务业占据主导地位。体育产业发展普遍采取市场主导、政府参与的发展模式。政府的角色偏向于服务型政府，通过制定一系列产业规划和财税优惠政策扶持体育产业发展，而体育产业的运行与管理则有成熟的体育类社会组织深度参与。

(2) 国内体育产业发展机制

国内学者针对体育产业发展机制的研究主要聚焦在体育产业发展的影响因素方面。其中，多以市场机制和政府干预为主。但当前国内关于体育产业发展机制相关的视角、维度和方法等方面的研究仍需进一步拓展和深化。

具体来看，孙克宜和秦椿林(1995)认为，体育产业发展机制集中体现在如何规范政府产业管理行为、激发市场主体活力、优化体育产业环境的体系和制度设计等方面。刘江南(2001)对发达国家现有体育产业发展的社会学影响因素进行了分析总结，认为影响体育产业发展的相关因素包括：市场经济体制、人口增长和城市化、富足的金钱、时间及良好的基础设施、社会资金的投放、生活观念的更新、政府的体育政策和公共立法等，并通过对比美国体育产业的发展经验提出，我国体育产业发展需要建立配套的管理体制与运行机制并培养体育产业专门人才，以达到为体育产业的发展提供良好的社会和经济环境的同时加强体育产业队伍建设的目的。杨晓生(2001)从财政金融支持、体育消费偏好、体制等方面分析阻碍我国体育产业发展的因素。辛利(2002)从改革推动力、政府调控力、科技促进力、体育创新力，以及体育商业运作力等方面探讨了我国体育产业化经营过程中的动力机制。刘远祥等人(2004)从凯恩斯的消费函数和体育消费特有的影响因素(消费空间、闲暇时间、消费欲望、运动技能)入手，分析了我国体育产业发展与有效需求不足的相关性。刘长江等(2010)从市场培育(体育健身娱乐市场、体育竞赛表演市场)、体育经营管理人才培养、体育经济政策等方面探讨了体育产业发展机制。刘勇等(2010)认为集群化发展对体育产业形成优势竞争力具有重要作用。张世威(2010)在对我国体育产业发展现状及体育产业发展的竞争优势要素分析的基础上,结合区域中心城市所具有的区域"增长极"理论优势效应和体育产业竞争优势重度关联要素,提出了打造区域中心城市体育产业增长极战略思想。张瑞林和王先亮(2010)认为,我国体育产业发展的体制机制总体上呈现出较为明显的阶段性特征:主要经历了体育产业计划管理体制、市场化管理体制探索和市场化管理体制发展三个阶段。随着体育产业的高质量发展已上升为国家战略,体育产业高质量发展的体制机制呈现出改革深化、多元共进的发展特征和发展态势。罗建英和丛湖平(2011)则从资源流动、可支配收入、体育赛事产业硬件环境和劳动力市场环境等方面分析了体育赛事产业区域核心竞争力的形成机制。

立足新时代,我国体育产业发展环境面临深刻变化,体育产业发展也迎来了新的机遇。体育产业高质量发展机制也随之发生新的改变。姜同仁等(2013)在梳理总结欧、美、日等体育产业强国发展模式和经验基础上,从吸收国外先进经验、科技创新、体制改革、弘扬传统优秀文化等方面探讨了推动我国体育产业高质量发展的有效动力机制。此外,为进一步加快体育产业发展,2014年10月,国务院提出《关于加快发展体育产业促进体育消费的若干意见》(以下简称《意见》)。《意见》对体育产业发展机制进行了广泛的探索和梳理,相关政府职能、财政投入、政策规划、结构调整等产业发展机制的相关要素变得更为清晰。姜同仁(2016)还以体育产业政策调整为基点,探究了我国体育产业发展机制。张新秀(2017)从技术进步和产业融合的角度分析了新时期体育产业高质量发展的机制,并对"互联网+"体育产业新业态的发展机制进行了比较系统的研究。王子朴等(2018)对体育产业机制的底层逻辑进行了深入探讨,并从顶层设计、理论研究、机制体制、发展环境、产业融合、产业政策等方面分析了促进体育产业高质量发展的机制。潘玮等(2022)认为,现阶段我国体育产业高质量发展的外源动力机制主要是经济、政策和消费环境,而内源动力机制主要表现在技术变革、产业变革、业态创新方面。贺新家等(2022)通过研究发现当前体育产业发展的供给动力机制中要素生产率的作用越来越重要,而需求动力机制主要依赖城市居民消费和出口。

综合现有研究不难发现,将体育产业高质量发展机制作为独立研究对象的文献还比较少,大部分文献仅从某个视角考察了体育产业的发展机制,如体育需求、体育投资、政府规制等。且现有研究多数为定性分析,鲜有文献借助数理方法分析体育产业高质量的相关问题。为丰富我国体育产业的相关研究,推动相关领域在理论与实践方面取得长足进步,研究内容、维度和方法都亟待进一步拓展。

1.2.3 我国体育产业发展问题

近年来,我国体育产业发展呈现出良好的发展态势,产业规模逐渐壮大,对经济社会发展的贡献率逐年升高,但是体育产业在发展过程中仍存在瓶颈。

栾开封(2007)认为,我国体育产业发展存在布局不均衡、知名品牌少、高级体育产业专门人才稀缺、体制和机制改革滞后、政府政策研究和指导力度不够和体育产业理论研究滞后等问题,严重制约了我国体育产业的发展。田世昌等人(2009)认为,东部地区体育产业结构趋同现象明显。除北京外,东部地区(浙江、广东、江苏和辽宁)的体育产业结构相似系数很高,体育服务业发展明显滞后于体育用品业的发展,同时,体育产业结构不合理,体育产业效益低下。廖培(2005)认为,我国体育产业结构不合理、本体产业发展规模较小且发展质量有待提高。谢洪伟等(2009)认为,我国区域体育用品制造业处于全球价值链低端,同时存在创新能力不足、获取价值能力不足等问题。黄海燕等人(2016)认为,当前我国体育产业存在规模不大,结构不合理,市场主体发展不充分,体育版权、体育场馆等大量体育资源未有效开发,市场在资源配置中的决定性作用还未充分发挥,社会力量参与体育发展的渠道不通畅,政府推动体育产业工作体制机制不完善,尚未形成成熟的多部门联动体系等一系列问题。朱启莹等(2021)认为,当前体育资本市场有效供给不足、体系结构偏差、风险偏好错位等因素制约着我国体育产业健康发展。肖军等(2021)研究发现我国体育行业的整体技术效率偏低,多数体育上市公司处于非有效状态。

特别是随着新运动项目、多元素娱乐项目出现挤占了体育产业的生存空间,使得体育产业的专业性和专注度下降,再加上受到消费总时间约束等方面的制约,我国体育产业面临新的困难与挑战(江小涓,2019)。加之新冠病毒感染疫情等不确定性因素的存在,我国体育产业发展也受到了来自外部因素的制约(王戬勋、沈克印,2020)。

1.2.4 我国体育产业发展策略

为促进体育产业发展,社会各界进行了广泛探讨,并取得了丰硕成果。其中,以培育和壮大体育主导产业为抓手,促进体育产业高质量发展的观点成为主流。

李洪斌等(2001)从产业组织的角度以及体育产业的经济特征入手,提出竞赛表演业应作为体育产业的优先发展领域的观点。杨晓生(2001)认为,要确立民间兴办体育产业的主导地位,建立协调机构和相关的融资体系,同时,在财税和金融等方面提供支持,提高大众参与体育活动的偏好,以及彻底进行体制改革等对策。闵健(2002)认为,由于体育竞赛的影响力、吸引力、观赏性,以及对应市场容量较大,应该把体育竞赛业作为我国现阶段体育产业发展的主导。彭连清等(2005)认为,在体育产业的各行业中,体育服务业是核心,体育用品业处于外围地位,因此要着重发展体育服务业。廖培(2005)认为,应以竞赛表演业、健身娱乐业和无形资产开发经营等行业为体育主导产业,发展建立支柱性优势。江和平等(2010)认为,需要将体育竞赛产业和体育健身业作为体育产业的核心和主导,提升我国体育产业的整体素质。徐开娟等(2019)认为,我国体育产业高质量发展需要以发展运动项目产业为核心,以重点区域体育产业为支撑,突破发展的传统空间,促进体育产业内容创新和运营升级。

也有学者从体育产业发展的机制障碍、制度建设和技术创新等角度阐述了促进我国体育产业高质量发展的具体策略。柳伯力(2007)认为,应从我国体育产业发展中的体育市场观念、赛事经营模式、赞助运作、健身服务产品供给、市场权益及专业人才培养等角度进行改革创新。张瑞林、王先亮(2010)认为,实现我国体育产业的高质量发展,需要构建符合国情的体育产业管理体制,使机构设置合理化、权限划分明晰化,构建政策法规体系,形成包括运行基础、调控体系和保障体系的体制系统,着重做好优化产业结构、建立现代企业制度和促进标准化等方面的工作。刘长江等(2010)指出,我国体育产业发展应积极培育体育健身娱乐市场、发展体育竞赛表演市场、培养体育经营管理人才、扶持体育用品的生产和经营并制定和完善体育经济政策。鲍明晓(2011)认为,我国与发达国家在体育产业发展方面存在差距主要是由于我国运动项目产业发展水平较低。因此,大力发展职业体育、做大做强运动项目产业是加快体育产业发展的实际需要。任海(2015)认为,需从治理结构创新和人才培养等方面促进我国体育产业高质量发展。李博(2016)认为,积极推进供给侧结构性改革是我国体育产业实现跨越式发展的保障。江小娟(2018,2019)认为,要通过加大改革创新和开放力度、加强监管与引导,接纳新的体育形态,以促进我国体育产业发展。李超等(2021)认为,新时代为我国体育产业发展提供了绝佳的政策和科技环境,为此要积极将科技成果转化为体育产业的新产品,提升我国体育产业的科技含量。

另外,还有部分学者从区域经济学角度探讨了促进我国体育产业高质量发展的策略。刘勇等(2010)认为,对于中部地区,体育产业的发展需要发挥中心城市的辐射和拉动作用。张世威(2010)结合区域"增长极"理论和体育产业竞争优势关联要素,提出了打造区域中心城市体育产业增长极的发展战略。

1.2.5 相关文献评述

综合现有的文献发现,目前,现有研究关于体育产业内涵的认识不一,这对体育产业理论研究的进一步深入,在实践中如何制定体育产业政策与发展规划,以及如何将体育产业纳入国民经济核算体系都将是十分不利的。如何准确、合理地界定体育产业的内涵与外延,并以此作为本书研究的理论基点,是本书需要解决的基本问题之一。更为重要的是,现有研究将体育产业高质量发展机制作为独立研究对象的还比较少,且无论从数量还是层次上对体育产业高质量发展进行量化分析的研究尚且不足。

为此,本书拟应用内生增长理论、技术进步理论、公共经济学理论、产业结构演进及产业关联理论等,分析体育产业高质量发展机制。并运用数理统计分析、传统计量模型、空间计量模型、门槛模型和投入产出模型等方法进行检验,以期完善和丰富体育产业发展的相关研究。具体而言,本书将围绕以下几个核心问题展开研究:第一,准确、合理地界定体育产业的内涵与外延,并以此作为本书研究的理论基点;第二,系统梳理我国以及代表性发达国家体育产业发展历程,总结我国体育产业发展过程中存在的问题,以及国外发达国家体育产业发展的先进经验;第三,深入分析体育产业高质量发展的内外在机理,分析体育产业发展驱动因素,以及各驱动要素发挥作用的具体机制;第四,结合我国体育产业发展的具体实际,检验我国体育产业的发展机制是否同理论分析相一致,并在此基础上为促进我国体育产业实现高质量发展提出可行性建议。

1.3　研究思路与方法

1.3.1　研究思路

本书主要目的在于系统梳理和实证检验我国体育产业高质量发展机制,并以此为依据提出对策建议。遵循理论分析—现实问题分析—实证研究—对策研究的整体思路。具体研究思路如下:

首先,对基本概念和相关理论进行界定和梳理。在理论分析的基础上系统剖析体育产业发展机制。第一,对相关概念进行界定;第二,对体育产业高质量发展的相关基础理论进行梳理和总结;第三,分析体育产业高质量发展的具体机制,以期为我国体育产业高质量发展提供理论支撑,并为后文实证检验奠定理论基础。

其次,现状和问题分析。为促进我国体育产业高质量发展,系统梳理我国体育产业发展历程与现状,分析我国体育产业发展存在的问题;通过与发达国家体育产业发展状况的对比分析,探讨我国体育产业发展规模、模式等方面的不足;借鉴发达国家发展经验,为我国体育产业高质量发展提供改进方向。

再次,进行实证检验。验证理论分析的科学性,以及理论分析的结果是否符合我国体育产业发展的具体实际;同时,全面揭示我国体育产业发展的具体动力机制;拟利用现代多元计量模型实证检验我国体育产业高质量发展的机制,具体包括:内生动力机制(要素供给机制、市场需求机制)、外在调节机制、政府调控机制、门槛机制以及产业关联机制等。

最后,提出对策建议。基于理论和实证检验的研究结论,为推动我国体育产业实现高质量发展,提出具体的对策建议。

1.3.2 研究方法

本书主要采用文献资料归纳分析、理论分析与实证分析相结合、规范分析与实证分析相结合的研究方法。在具体研究实施过程中,本书还会用到归纳、演绎、比较分析等具体方法,对体育产业发展的特殊阶段及地区的研究,还将采用情境分析和案例分析等研究方法。具体研究方法如下:

(1) 文献资料归纳分析

本书通过梳理相关文献,分析体育产业高质量发展机制,总结代表性发达国家的体育产业发展历程、模式和经验等,对我国体育产业的演变历程、发展现状进行回顾;通过梳理体育产业高质量发展的相关理论,剖析影响和推动体育产业高质量发展的各种相关因素,这些内容均属于文献资料归纳分析方法的范畴。

(2) 理论分析与实证分析相结合

本书系统介绍了体育产业高质量发展机制的相关理论,主要包括内生增长理论(新经济增长理论)、技术进步(创新)理论、公共经济学理论、产业结构演进理论和产业关联理论等;理清我国体育产业高质量发展的机制理论模型等研究内容,属于理论分析的范畴。在理论分析的基础上,采用数理统计分析、传统计量模型、空间计量模型、门槛模型和投入产出模型等数量分析工具对我国体育产业高质量发展的各种具体机制进行实证检验,这些研究内容则属于实证分析的范畴。

(3) 规范分析与实证分析相结合

本书通过历史归纳、数理统计分析探讨我国体育产业发展历程与现状,分析我国体育产业发展存在的问题与不足,实证检验我国体育产业高质量发展的各种具体机制等,属于实证分析的范畴。基于理论分析和经济发展的规律,对体育产业高质量发展的各种具体机制进行剖析,基于理论和实证分析结果,就如何促进我国体育产业实现高质量发展等提出一系列的政策启示等,属于规范分析的范畴。

1.4 研究内容与结构

1.4.1 研究内容

本书主要研究内容为:一是对体育产业、体育产业高质量发展以及体育产业高质量发展机制的内涵进行界定和阐述;二是系统梳理体育产业高质量发展机制的主要相关理论,在理论分析的基础上,理清我国体育产业高质量发展的各种具体机制;三是利用我国体育产业发展的相关数据,借助数理统计模型实证检验我国体育产业高质量发展机制;四是针对如何促进我国体育产业实现高质量发展提出具体的政策建议。

1.4.2 研究结构

本书旨在系统阐明体育产业发展的内在机理。即通过总结发达国家体育产业的先进经验,探讨体育产业发展的演变规律,实证检验我国体育产业高质量发展机制,以期为促进我国体育产业高质量发展提供有益的指导和借鉴。鉴于以上研究目标,本书的内容章节如下:

第1章,绪论。首先,介绍本书的研究背景、研究意义;其次,对体育产业高质量发展的相关研究进行梳理及评述;再次,阐述本书的研究思路、研究方法、研究的主要内容以及结构安排;最后,说明研究的创新与不足。

第 2 章，我国体育产业高质量发展机制相关概念界定与理论分析。首先，对体育产业高质量发展的相关概念进行界定；其次，对体育产业高质量发展的相关理论进行梳理和总结；最后，对体育产业高质量发展的具体机制进行分析，为我国体育产业高质量发展提供理论支撑，也为后续实证检验奠定理论基础。

第 3 章，我国与典型发达国家体育产业发展状况对比分析。首先，梳理我国体育产业发展历程和现状，分析我国体育产业发展存在的问题与不足。其次，分析典型发达国家体育产业发展具体状况，进而对比我国与发达国家的体育产业在发展规模、模式等方面的差异，为我国体育产业高质量发展提供一定的经验参照。

第 4 章，我国体育产业高质量发展内生动力与外生调节机制实证分析。本章在前文理论分析的基础上选取 2005—2017 年中国省级数据，利用现代空间计量模型，实证检验体育产业高质量发展的内生动力机制和外生调节机制，利用空间杜宾面板模型实证检验了体育产业高质量发展的内生与调节机制，以期为我国体育产业和体育经济的高质量发展提供经验参考。

第 5 章，我国体育产业高质量发展的门槛约束机制实证分析。本章在前文门槛机制理论分析的基础上对我国体育产业高质量发展的门槛机制进行实证研究，为体育产业和体育经济高质量发展提供参考。从理论上探讨体育产业高质量发展的门槛机理，剖析体育产业发展随居民收入水平变化的动态特征，并进一步利用传统面板模型和面板门槛模型实证检验我国体育产业增长的门槛约束机制。

第 6 章，我国体育产业高质量发展产业关联机制实证分析。本章借助产业关联机制的投入产出模型，分析我国体育产业对其他产业部门的直接和间接的消耗、分配情况，揭示我国体育产业对其他国民产业部门的依存和波及程度。

第 7 章，政策启示。本章对全书进行系统总结，立足研究结论，结合我国经济社会发展的实际情况,提出促进我国体育产业实现高质量发展的建议。

1.5 主要创新与不足

1.5.1 创新之处

(1) 研究视角方面的创新

当前,学术界对于体育产业内涵界定存在出入,这对体育产业理论研究的进一步深入,在实践中如何制定体育产业政策与发展规划,以及如何将体育产业纳入国民经济核算体系都将是十分不利的。如何准确、合理地界定体育产业的内涵与外延,并以此作为本书研究的理论基点,是本书需要解决的基本问题之一。

现有研究将体育产业高质量发展机制作为独立研究对象的还比较少,大部分文献仅是从某个视角考察了体育产业的发展机制。比如,有的学者单纯研究了体育需求、体育投资、政府规制对体育产业的影响。目前,很少有学者基于新经济地理学视角分析我国体育产业发展的外部空间动力机制,更是鲜有文献基于理论和实证层面对我国体育产业发展的门槛机制进行系统分析。虽然产业关联分析的研究视角在产业经济学的实证研究中得到了广泛的应用,但是就目前来看,在体育经济或体育产业研究领域,还没有文献基于产业关联视角系统分析我国体育产业发展的产业关联机制。本书多元化的研究视角丰富了现有文献对体育产业发展相关研究的层次和维度。

(2) 研究方法方面的创新

综合现有的研究不难发现,关于我国体育产业方面的文献研究以定性分析为主。虽然有部分文献对我国体育产业进行了量化分析,但多以简单的历史数据统计方法为主。鲜有研究综合运用空间计量经济模型、面板门槛模型和投入产出分析模型对我国体育产业的发展开展相关研究,且研究层次与深度均需进一步拓展。

为推动我国体育产业发展理论和实践的进步,本书在定性分析的基础上,对我国体育产业的发展进行基础性的统计分析。并进一步采用基础面板模型、空间计量模型、面板门槛模型和投入产出模型等现代计量分析手段进行实证研究,最大限度地揭示我国体育产业发展的运行机制及体育产业内外部各要素之间的逻辑关系。因此,相较于现有研究,本书在研究方法的应用方面具有一定创新性。

(3) 研究内容方面的创新

本书对体育产业、体育产业高质量发展以及体育产业高质量发展机制的内涵进行了界定和阐述,并全面揭示了我国体育产业发展的历程与现状;系统梳理了体育产业高质量发展机制的相关基础理论,在理论分析的基础上,理清了影响和推动我国体育产业高质量发展的多元化具体机制,并进行相应的实证分析。具体而言,首先,对体育产业高质量发展的内生动力机制与外生调节机制进行实证检验。其次,论证并检验了我国体育产业高质量发展的门槛约束机制,揭示了体育产业发展随居民收入水平变化的动态特征。再次,系统剖析了体育产业高质量发展的产业关联机制。借助产业关联机制分析的经典模型——投入产出模型,分析了我国体育产业对其他产业部门的直接和间接的消耗、分配情况,揭示了我国体育产业对其他国民产业部门的依存和波及程度。最后,基于主要研究结论,结合我国经济社会发展的实际情况,提出了促进我国体育产业实现高质量发展具体的政策路径启示。本书从内生驱动、外生调节、门槛约束和产业关联多个方面系统探讨了中国体育产业高质量发展的动力机制。本书的研究内容在一定程度上能够丰富人们关于体育产业高质量发展机理的认知。

1.5.2 可能的不足

由于我国的体育产业相较于发达国家起步较晚,宏观层面的体育产业信息基础数据库建设仍然比较滞后。受产业基础数据可得性的限制,在实证检验体育产业运行机制的分析中,尤其是在应用现代计量模型对我国体育产业发展的具体机制进行检验时,实证研究设计可能会存在一定的疏漏。

另外,体育产业的发展机制,特别是一些具体的外在关联机制涉及数量众多的多层次子系统。但由于相关数据库样本存在缺失,相关数据获取难度较大。受到微观数据可得性的限制,一些具体机制的实证研究的深度不免会受到一定程度的影响。当然,克服这些不足之处也是下一步研究和努力的重点和方向之一。

第 2 章 我国体育产业高质量发展机制相关概念界定与理论分析

为了深入分析我国体育产业高质量发展机制,需要对体育产业高质量发展的相关概念和理论进行界定和梳理。本章首先对体育产业的相关概念进行界定,其次对体育产业发展的相关理论进行阐述,最后剖析影响和促进体育产业高质量发展的具体机制。通过对基本概念、相关理论的梳理以及发展机制的剖析,为后续的实证分析章节夯实理论根基。

2.1 相关概念界定

2.1.1 体育产业

随着技术革命的兴起,社会生产力水平总体跃升,社会生产分工得以深化,国民经济许多细分的产业部门逐渐形成。传统的产业观念与范畴开始从"物质生产部门"逐步扩展到"以生产和服务为特征的所有部门"。在产业的发展演进过程中,传统的产业结构不断变动,文化、娱乐、教育、体育等都逐步被纳入了产业体系。其中,体育产业在英美等西方发达国家获得了飞速发展,随着世界各国对体育产业的重视程度不断提高,体育产业已成为西方发达国家的支柱产业之一。

我国社会各界对体育产业的认识经历了两次比较明显的转折。第一次转折是在1978年党的十一届三中全会以后。随着思想的进一步解放以及经济建设工作中心的确立,人们对体育经济对国民经济的作用有了全新的认识,开始关注体育的经济功能。人们认识到体育不再是一种单纯的消费活动与福利事业,也是一种生产性事业。第二次飞跃是1992年党的十四大以后。随着社会主义市场经济体制的确立,我国体育产业开始迈入"本体推进,全面发展"的新时代。各级政府与体委不断扩大原有体育经营项目的范围,并深入挖掘体育所蕴含的各种经济价值,向公众提供多元化的有偿体育服务。同时,以足球为试点,积极推进职业俱乐部联赛体制改革,极大促进了我国体育职业化和商业化发展的进程。体育产业的内涵与外延取得了长足的扩展。

与此同时,体育产业相关的理论也随着产业理论的发展逐步成熟。综合产业与体育的属性,体育产业指的是与体育有关的一切生产经营性企业的集合体。国家统计局发布的《体育产业统计分类(2019)》将体育产业定义为:为社会提供各种体育产品(货物和服务)和体育相关产品的生产活动的集合。具体分类包括:体育管理活动,体育竞赛表演活动,体育健身休闲活动,体育场地和设施管理,体育经纪与代理、广告与会展、表演与设计服务,体育教育与培训,体育传媒与信息服务,其他体育服务,体育用品及相关产品制造,体育用品及相关产品销售、出租与贸易代理,体育场地设施建设11个大类。具体构成如表2.1所示。

表 2.1　国家统计局体育产业大类划分

行业分类	
1. 体育管理活动	7. 体育传媒与信息服务
2. 体育竞赛表演活动	8. 其他体育服务
3. 体育健身休闲活动	9. 体育用品及相关产品制造
4. 体育场地和设施管理	10. 体育用品及相关产品销售、出租与贸易代理
5. 体育经纪与代理、广告与会展、表演与设计服务	11. 体育场地设施建设
6. 体育教育与培训	—

注:根据《体育产业统计分类(2019)》整理所得。

2.1.2 相关概念辨析

(1) 体育与体育产业

狭义上的体育属于教育科学的范畴,主要是通过体育教学活动,传授锻炼身体的知识技能,增强学生体质,增进学生健康,培养学生终身体育的意识、习惯和能力,促进受教育者全面发展。广义上的体育是一种复杂的社会文化现象,是以身体活动为媒介,以强身健体为直接目的,以培养完善的社会公民为终极目标的一种有意识、有目的、有组织的社会活动。

从体育和体育产业的界定看,二者在内涵与外延上既密切相关,又存在明显区别。体育产业侧重于经济范畴,研究重心在于分析体育经济的投入产出活动规律,它以体育活动为存在的基础,其发展演进离不开体育或者与体育相关的活动。概而言之,体育在教育的范畴内,归属于教育科学,而体育产业是经济学的范畴,属于经济科学。体育主要研究人的身体运动规律,而体育产业是在体育活动的基础上研究体育经济的发展问题。因此,体育与体育产业在研究对象、理论体系、研究目的、研究方法等方面均存在较大差异。

(2) 体育事业与体育产业

综合传统观点,我们可以认为,体育事业和教育事业、卫生事业、文化事业一样,从属于社会公共服务事业。体育事业是由政府主导的、不以营利为目的的社会公益事业,它受政府财政支持,目的是向社会提供公共体育服务。综合现有观点,一切具有一定的目标、规模和系统的,对社会发展有影响的、经常的体育活动和现象都属于体育事业范畴。从具体构成看,体育事业包括体育经济、体育文化、体育制度等。因此,根据上述观点,体育产业从属于体育事业,同时两者又从属于体育范畴。体育、体育产业、体育事业三者的关系如图2.1所示。

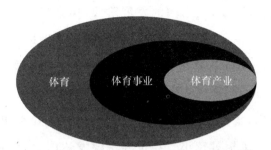

图 2.1　体育、体育事业与体育产业的从属关系

2.1.3　体育产业高质量发展机制

（1）体育产业高质量发展

现阶段，我国经济发展所面临的社会主要矛盾、生产要素、资源环境、国际环境等一系列因素发生了重大变化，从高速度向高质量发展转型成为经济社会可持续、健康发展的必然选择。高质量发展是党和国家基于新的发展环境、发展条件和发展阶段所提出的一种全新的发展理念。高质量发展的本质在于全方位提质增效，它是一种立足全局、着眼未来的发展理念，着重解决经济、社会、环境发展中突出的不平衡、不充分问题。

由于本书的研究方向为产业经济学，属于经济学范畴，因此，我们只从经济发展方面来探讨体育产业高质量发展的内涵。经济高质量发展主要包括以下几个层面的内容：实现经济结构优化、经济运行稳定、经济效益提升、经济发展可持续、经济发展成果共享，最终很好满足人民日益增长的美好生活需要。体育产业发展属于经济发展范畴，因此，基于经济高质量发展理念，体育产业的高质量发展以新发展理念为根本遵循（沈克印，2021），同样主要包括以下几个层面的内容：结构优化、品质优良、高效运转、发展可持续、成果共享，能够很好满足消费升级需要。

高质量发展是一个动态概念，在不同的历史发展阶段，其内涵与外延也会有所差异,因此,在不同的发展阶段,体育产业高质量发展的内涵、重点也会存在一定差异。体育产业高质量发展的动态性特征要求我们在推动体育产业高质量发展的过程中对主要矛盾、要素供给、体制机制、技术环境、国际形势等内外部环境进行综合研判,制定科学的发展战略。目前,我国体育产业属于朝阳产业,正处于初步成长期,在国民经济中的占比相对较小。在世界主要发达国家,体育产业早已成国民经济的重要组成部分。以2017年为例,发达国家体育产业占GDP的比重约为3.5%,而同期国内占比仅为0.95%。2019年,我国体育产业增加值占比虽提高至1.14%,但与世界主要发达经济体相比还存在不小的差距。

基于上述分析,现阶段,我国大部分地区实现体育产业高质量发展的根本思路与首要目标是"做大、做实"体育产业,壮大并提高体育产业发展的规模与水平,构建完整的体育产业内需体系和完善的供应链,畅通国内国际双循环(任波、戴俊,2021),培育体育产业内生发展的能力。在体育产业形成一定规模以后,通过技术创新、组织创新等方式"做优、做强"体育产业。

(2)体育产业高质量发展机制

"机制"一词源于拉丁语,开始常用来描述自然现象的产生过程,或者物理学中的机械运动,现在已经在生物学、经济学、管理学等领域得到广泛应用。机制有多重含义,最常用来说明机器的构造与工作原理,也泛指有机体的构造、功能和作用原理。在经济学中,机制一般指的是某种经济活动或现象产生、发展和变化的缘由、途径、方式和方法等内在逻辑过程及其运行体系。

体育产业高质量发展机制是以体育产业组织系统为载体,以提升体育产业发展效益为目的,各种推动体育产业发展的原动力,以及影响体育产业发展的内外部环境要素的有机结合及其作用关系。概括地讲,体育产业高质量发展机制指的是在体育产业运动、发展与演进的过程中,推动和影响体育产业发展的各种动力、环境等要素发挥效能的过程、规律、作用机理与方式。从本质上讲,体育产业高质量发展机制反映的是影响体育产业发展的各相关要素和体育产业发展、演进的内在逻辑关系及其运行体系。

2.2 相关理论基础

2.2.1 内生增长理论

内生增长理论又称新经济增长理论,产生于20世纪80年代中期,以罗默和卢卡斯为主要代表人物。内生增长理论的出现标志着经济增长理论迈入一个新的时代。内生经济增长指的是仅依靠内生的资本积累、人力资本增长、内生技术进步等系统内部的力量来推动经济增长。由于内生增长理论是由较多持有相同或类似观点的经济学家共同提出来的,内生增长理论不像新古典经济增长理论那样有一个基本的理论模型,它包含诸多内涵相近的增长模型,其中最具代表性的内容主要包括:阿罗的"干中学"理论,罗默的技术(知识)溢出模型,宇泽-卢卡斯的人力资本收益递增模型,以及国际贸易和知识的外溢模型等(Romer P M,1990)。

(1) 阿罗-罗默内生增长模型

阿罗(1962)在《边干边学的经济含义》一文中提出了"干中学"模型,将知识或技术进步内生于经济增长模型之中,将技术因子引入传统的格布-道格拉斯经济增长模型之中。阿罗将生产要素投入分为有形的生产要素投入和无形的生产要素投入,传统的资本、劳动属于有形的生产要素,而学习或经验知识属于无形资本。阿罗的经济增长模型表达式为：

$$Y = A(K) \cdot F(K, L)$$

上式中的 Y 为总产出，K 为资本投入，L 为劳动投入，A 为技术因子。与传统的格布-道格拉斯经济增长方程不同的是，资本 K 在方程中出现两次，但是每一次的含义是不相同的。在 $F(K, L)$ 中的 K 为传统的资本要素投入，但是在 $A(K)$ 中的 K 表示"经验"变量。$A(K)$ 是变量 K 的增函数。经验知识的积累体现在技术进步上，随着人们经验、知识积累的增加，技术由此得到不断改善。随着社会再生产过程的不断进行，人们在边干边学中所获得的知识、经验积累不断增加，相应的人力资本水平不断提高，经济增长过程中的技术进步内生化得以实现。于是，阿罗从传统的格布-道格拉斯经济增长方程，推导出一个能够实现规模收益递增的经济增长方程。

20 世纪 80 年代，罗默在借鉴阿罗思想的基础上进一步发展了内生增长理论。罗默在考察了荷兰、英国和美国的历史经济增长数据之后发现，总体来看增长率并没有呈现出下降的趋势，国家的经济增长速度不断提升，而非下降。由此罗默认为，具有索洛中性技术进步的索洛模型不能够解释现实经济增长的长期趋势。因此，罗默在干中学模型的基础上建立了一个内生增长模型。在罗默的增长模型中，假设企业的知识属于公共品，具有外溢性，而且其他的企业能够零成本获取。在罗默的经济增长模型中，干中学和知识的外溢性能够抵消单个生产者的边际报酬递减，整个经济增长率能够随着时间的推移得以上升，最后会收敛于一个稳定的增长率水平（Romer P M, 1986）。

(2) 宇泽-卢卡斯内生增长模型

宇泽弘文（1965）认为，教育部门的思想产出能够引起技术变化，如果整个社会将一定的资源分配到教育部门，教育部门就会产出新的知识（人力资本）。新的知识能够提高生产率，同时还能够被其他经济部门无条件获取。因此，在宇泽看来，在经济增长的过程中，无须存在外在的经济增长源泉,仅仅依靠线性产出的人力资本就能够实现人均国民收入的持续增长。

卢卡斯在吸收宇泽模型的基础上提出了人力资本溢出模型,他认为人力资本积累一是来源于专门的学校教育,二是来源于生产过程中的边干边学(Lucas R E,1988)。卢卡斯的增长方程形式为:

$$Y = K^{\alpha} \cdot (hL)^{1-\alpha}$$

上式中的 h 为人力资本,同时人力资本的变化为:

$$\dot{h} = (1-u)h$$

上式中的 u 为工人花费在工作上的时间比重,$(1-u)$ 为工人花费在经验技能积累上的时间比重。因此,工人在技能积累上花费时间的增加会使得人力资本增长率得以增长。卢卡斯认为专业化的人力资本是经济增长的真正源泉,人力资本的积累不仅可以通过"内部效应"使得系统内部资本、劳动的边际收益递增,还会通过"溢出效应"提高其他部门的人力资本水平。于是,整个社会的平均人力资本水平得到提升,由于整个社会的人力资本水平决定社会平均生产效率,因此社会生产率也随之提升。而社会生产率提升又进一步使得企业从中受益,企业人力资本水平又得到进一步积累,如此循环往复。最终,由于人力资本的溢出效应,整个经济的增长率高于均衡增长率,经济由此可以实现内生增长。

体育产业属于新兴的国民经济部门。内生增长理论也能够解释体育产业的发展规律。根据内生增长理论,体育产业通过知识、人力资本和技术进步便可以实现持续增长。即在一国或地区体育产业的发展演进过程中,体育产业扩张的推动力量——知识积累、技术进步是内生的,由体育产业系统内部决定的。除了传统的资本、劳动等生产要素投入以外,教育部门和创新活动生产的知识、技术也会作为新兴的生产要素,使得体育产业的发展实现要素边际报酬递增,进而推动体育产业实现可持续发展。内生增长理论对于推动体育产业高质量发展的核心政策启示是,增加教育投资,提高体育产业部门的人力资本存量等措施十分必要(张建华、刘仁军,2004)。

2.2.2 技术进步(创新)理论

自工业革命以来,技术进步推动经济社会进步已成为不争的事实。技术进步不仅推动了农业革命,而且促进了生产方式与社会结构的变革,带来了一系列广泛而深刻的产业革命。技术进步和创新在现代社会更是日新月异,特别是基于微电子、半导体技术所建立的信息技术极大推动了生活方式的深刻变革以及生产力的大幅提高。现实生活中的技术一般可以分为两个层次:通用目的技术,指的是革命性的、颠覆性的、重大的技术,如蒸汽机技术、电力技术、微电子技术、信息技术等;与通用目的技术相匹配的配套技术,此类技术不属于颠覆性的重大技术,但是能够大幅提高重大技术的功效,能够极大促进重大技术的应用效率。

经济活动中的技术进步一般表现为两种形式:一种是技术革新,也就是根本性或者颠覆性的技术创新;另一种是技术改良,主要源于边干边学的生产经验积累。在经济增长函数中,我们通常把技术进步划分为依附型技术进步和非依附型技术进步。前者指的是与生产要素紧密结合的技术进步,这种技术进步必须同生产要素相结合才能发挥功效。后者指的是生产的组织形式以及新的企业管理方法的创新,这类技术进步一般不会与生产要素发生直接的关联。同时,依据不同的定义标准,我们对技术进步的定义也不尽相同。在经济增长理论中,影响比较大的主要有希克斯中性和哈德罗中性技术进步。

约翰·希克斯根据技术进步对资本和劳动的影响程度不同,将技术进步定义为劳动节约型技术进步、资本节约型技术进步以及中性技术进步。如果一种技术进步使得资本边际生产力与劳动边际生产力的比率提高,则这种技术进步称为劳动节约型技术进步,会导致国民收入分配中资本的分配份额相对增加；如果一种技术进步使得资本边际生产力与劳动边际生产力的比率降低，则这种技术进步称为资本节约型技术进步，会导致国民收入分配中劳动的分配份额相对增加；如果一种技术进步使得资本边际生产力与劳动边际生产力的比率保持不变，则这种技术进步为中性技术进步，会导致国民收入分配中资本和劳动的分配份额保持不变。希克斯中性技术进步的生产函数为：$Y=A(t)F(K,L)$。可见，希克斯中性技术进步在生产函数中是外生的，同时对资本(K)和劳动(L)起作用。

哈德罗中性技术进步与希克斯中性技术进步类似，他认为中性技术进步不会引起国民收入分配中工资与利润的份额产生变化。具体来看，哈德罗首先定义了新旧两种生产函数（技术进步发生前、技术进步发生后），哈德罗中性技术进步指的是在新旧生产函数利润率相同的两个点所对应的资本—产出比率(K/Y)保持不变。如果新的生产函数的资本—产出比率(K/Y)较高，则技术进步是节约劳动性技术进步，反之，如果新的生产函数的资本—产出比率(K/Y)较低，则技术进步是节约资本性技术进步。

技术进步能够带来长期的经济发展和结构变化。然而，技术进步的源泉又是什么，同样引起了经济学家的深入探索。其中，最为著名的理论当属熊彼特的创新理论。熊彼特的创新理论基本上属于技术创新的范畴，同时也涉及组织创新和管理创新。熊彼特认为，创新是一种创造性的破坏，不仅能够拉动经济增长，创新者获得更大的利润，而且往往会引起其他市场参与者的模仿。随着创新应用范围的扩大，会使得经济发展高涨；随着创新浪潮的退去，经济也会逐渐衰退，直至下一轮创新浪潮的出现（蔡晓月，2007）。在熊彼特看来，创新是技术进步以及经济增长的源泉，企业家是创新的绝对主体，创新浪潮的出现和消逝是导致经济周期变动的根本原因（王璐、李梦洁，2013）。熊比特认为创新就是企业家把一种"全新的生产要素组合"引入生产函数中,这种新的组合方式主要通过创造新产品、新方法、新市场、新原料和新组织等途径来实现破旧立新,从而推动技术和经济进步。

此外,施穆克勒认为新的、潜在的需求对技术创新起着至关重要的作用,提出了技术进步"需求拉力"理论(Schmookler J,1966)。在希克斯看来,生产要素资源禀赋的变化会诱发技术变迁,当一种生产要素变得相对稀缺时会引起要素相对价格的变化,进而会诱导稀缺要素节约偏向的技术进步,此类规范的技术创新理论称为"诱致性技术创新理论"(Hicks J R,1932)。新经济(内生)增长理论认为,实现技术进步的途径主要有研究与开发、干中学、知识溢出、人力资本投资和技术引进等。

2.2.3 公共经济学理论

在人类经济社会发展演进过程中,随着市场经济体制的确立,市场这一"看不见的手"成为资源配置的主导机制。按照主流西方经济学理论,市场是组织生产和配置资源的最优方式,但是,现实经济发展过程中往往存在一系列的市场失灵现象,导致不良的经济后果。特别是20世纪初,资本主义社会由自由资本主义向国家垄断资本主义过渡,期间资本主义本身固有的矛盾日渐突出,导致经济危机频发。20世纪30年代,席卷全世界的经济大危机,给世界主要资本主义国家带来了沉重灾难,经济大萧条促使人们开始反思"自由放任"经济思想的意义。1936年,凯恩斯深入剖析了自由经济的弊端,主张国家对经济实施全面干预。凯恩斯的主张在美国罗斯福新政中得到推行,美国政府开始增加对经济的干预,并使得美国很快走出了危机阴霾,经济危机与社会矛盾大大缓解。在理论和实践的双重推动下,政府这只"看得见的手"在经济活动中的作用被人们重新审视。

随着经济的发展,尤其是资本主义世界的周期性的经济波动和难以避免的结构失衡使得人们意识到,市场机制并非万能,市场本身存在固有的缺陷使得市场机制在某些领域不能有效发挥调节作用。由于现实中的体育市场结构往往是"不完全的",在不完全竞争的市场结构中,资源配置无法实现最优状态,难以保证体育经济的协调、可持续发展。另外,外部性、信息不对称、不确定性等因素的存在使得市场机制存在失灵现象,这些领域往往需要政府进行干预。换句话说,现实的市场经济中,资源配置不会总是自然而然地达到最优状态,往往存在具备帕累托改进的资源组合方式,这就需要政府进行一系列的宏观调控和微观规制。在现实条件下,由于不同国家或地区发展的资源禀赋、历史阶段以及人文环境等方面的差异,市场化程度不尽相同,市场和政府各自的经济职能当然会有所差异。根据公共经济学理论,政府通常具备以下几种基本职能:

(1) 稳定职能:政府通过制定法律法规或者经济制度来约束和规范市场主体的行为,鼓励有利于维护市场公平有序竞争的行为,同时打击破坏市场秩序的行为,保证各类市场主体能够自由平等地进行市场活动。政府的稳定职能主要体现在以下两个方面:首先是充当仲裁人角色。政府通过法律规制等手段,严格保护市场主体的合法权益,维护经济秩序,调节市场纠纷,解决市场矛盾,保证市场正常运行。同时,还要利用征税、补贴、管制等手段解决市场经济运行中的外部性问题。其次是扮演守夜人角色。政府借助以军队、警察、法官、监狱等合法的国家暴力为后盾的国家强制力量,通过严格的法律和行政许可等手段,预防和打击经济领域中的违法犯罪行为,保证市场机制的顺畅运行。另外,政府还要积极促进公平竞争,禁止不合理的价格歧视、垄断合谋、捆绑协议等不利于竞争的垄断市场行为,防止垄断带来的效率损失,保护和扶持幼稚产业。

(2) 生产职能:政府的生产职能主要体现在公共物品或者准公共物品领域。公共物品具有非竞争性、非排他性和效用不可分性等特征,依靠私人部门生产往往达不到社会最优的生产规模,导致供给量不足。为此,第一,政府要保证纯公共物品的生产和供应,例如,国防、治安和消防等。第二,政府要保证外部性高、排他性强的公共物品的供给,例如,教育、医疗、卫生、保健、基础科研等领域。第三,私人部门没有能力提供或者有能力提供但是非竞争性很强的公共物品或准公共物品,例如,交通、邮政、通信基础设施、大型市政工程、水利电力设施、大型体育场馆等。

与其他产业不同,体育产业在我国起步相对较晚,产业发展的体制机制和市场环境还不够完善,加之中国特色社会主义市场经济体制,使得体育产业发展受政府政策的影响较大。同时,某些体育行业,如大型体育场馆、市政体育工程等,具有投资大、见效慢等特征,仅仅依靠市场的力量实现体育产业发展是缓慢的,无法有效地满足现阶段居民快速增长的对体育产品或服务的需求。此外,体育产业中的一些行业产品还具有一定的"公共物品"性质,例如,大型体育赛事、体育主题公园、全民健身工程、基础体育科技研发等,如果没有政府政策的激励和引导,社会资本进入的积极性很小,体育产业也就难以实现有效发展。

(3)调节职能:政府作为经济活动的调节者,需要保持宏观经济增长的稳定与可持续、调整产业结构、创造有利于经济发展的良好的国内外市场环境。具体来看,由于市场调节的自发性和滞后性,宏观总需求和总供给往往达不到平衡状态,经济发生周期性波动,会带来失业、萧条或者通胀等问题。因此,政府有必要利用财政政策、货币政策、产业政策以及收入分配政策等宏观调控工具鼓励和支持技术创新、引导投资与消费、促进储蓄和积累,促进和保持宏观经济稳定增长。政府还要积极干预矫正产业结构失衡,通过调整政府财政支出结构、差别性税收政策和差别性信贷政策等手段鼓励和支持基础产业、幼稚产业、朝阳产业的发展,引导产业结构实现合理化和高度化。另外,政府还要通过宏观调控手段引导资源在地区之间的合理流动,促进地区之间平衡协调发展。最后,为促进本国经济的稳定增长,政府要制定有利于本国经济发展的国际贸易政策,创造一个公平、有序、互惠的国际环境。

(4)收入再分配和社会保障职能:居民的收入主要来源于生产过程中所投入的生产要素,包括由此获得的利息、工资、租金等,同时,人们的收入水平还取决于个人的努力程度、受教育程度和运气成分等因素。但先天禀赋、初始财富水平、健康状况和运气等内在、外在因素的影响,导致现实中人们之间的收入水平存在差距。再加上市场机制的不完备,社会贫富差距有可能逐渐扩大,这种差距甚至会代代相传,对于社会安定、经济健康发展产生不利影响。政府利用税收、转移支付等形式对居民的收入进行二次甚至多次分配,为弱势群体提供基本的生活保障,减轻社会不平等,促进社会和谐。同时,政府通过建立完善的社会保障、社会保险、社会救助和社会福利等途径促进社会公平,增加社会福利。这不仅能够保证生产要素的持续供给,而且还能进一步刺激消费市场,保证市场需求,于供需两端释放经济长期增长的潜力。

2.2.4 产业结构演进理论

产业结构可以解释为不同产业之间的技术经济联系和数量比例关系,也可以理解为某一产业内部各个细分行业之间的关系结构。产业结构演进体现为产业之间或者某一产业内部构成之间相对地位、相对份额的不断发展变化。产业结构演进的过程集中体现为资源在国民经济各个部门中动态配置的过程。产业结构演进理论最早可以追溯到斯密的分工理论。

亚当·斯密认为社会生产力进步是劳动分工的结果,分工的程度又受到市场规模的限制,同样市场规模的发展也取决于分工的程度。在斯密的基础上,斯蒂格勒认为,初期由于市场规模较小,生产的各个环节不足以或者没必要细化为专业化的生产部门,当市场规模扩大时,产业内部的分工逐渐精细化,形成专业化的企业内部分工,甚至转变为更大范围内的社会分工,即催生专业化企业。产业进入衰退期后,随着市场规模的逐步缩小,产业生产的社会分工便逐渐退化为企业内部分工。事实上,斯密针对分工演化理论的分析可以认为是产业结构演进理论的源头。纵观产业结构演进理论发展史,相关理论分析更多是建立在统计分析基础之上的。相关代表性的产业结构演进理论主要有以下几种(张亮等,2018):

配第与克拉克认为,随着经济发展,劳动力先由第一产业向第二产业转移,然后,再向第三产业转移。基于配第-克拉克定理,随着经济不断发展,第三产业会不断发展壮大。

库兹涅茨产业发展理论同配第-克拉克定理类似。库兹涅茨认为,随着经济增长,农业部门的产出占比和劳动力占比不断下降。由于技术革命和规模经济的特点,第二产业逐渐占主导。随着人们收入的增加,工业品需求收入弹性呈下降趋势,而服务业的需求收入弹性将会上升,第三产业会吸引更多劳动力。即经济发展会促进产业结构不断演进。

罗斯托的"经济成长阶段论"认为,一个国家或地区随着经济的发展,从大众消费阶段开始,人们开始追求生活质量。服务业能够改善居民生活质量,因此会逐步成为主导部门。随着科学技术和生产力水平的提高,人们对生活品质的追求会更加强烈,需求的增加会推动第三产业的繁荣,随着人们对体育重视程度的提高,体育产业蓬勃发展起来。

另外,德国经济学家霍夫曼考察了近二十个国家的经济发展史,总结了在工业化进程中,消费资料工业部门和生产资料工业部门之间比例关系的发展变化特征。霍夫曼将工业化划分为多阶段:第一个阶段,生产资料工业部门不发达,消费资料工业部门占主导;第二阶段,消费资料工业部门比重仍然高于生产资料工业部门,但是,生产资料工业部门在此阶段获得了较快发展；第三阶段，消费资料工业部门与生产资料工业部门占比大体相等；到了第四阶段，生产资料工业部门的规模将会超过消费资料工业部门。

此外，日本经济学家赤松要提出的雁行形态理论，认为一国或地区的产业结构演进与国际市场密不可分。一个国家或地区的产业结构需要与国际市场紧密结合，是产业结构实现国际化，充分利用国际市场，加速本国产业结构演进的过程。根据雁行形态产业发展理论，后发国家产业发展应遵循"进口—国内生产—出口"的模式，使其产业相继更替发展。

2.2.5 产业关联理论

在社会再生产的过程中，产业之间存在着紧密的关联，这种产业关联主要是通过产品、劳务、生产技术、价格、投资等途径得以实现。通常情况下，某个产业产品或服务的价格波动会通过收入效应、替代效应对其他产业的产品或服务结构产生影响，例如，当一个地区的房价普遍上涨，在人们名义收入不变的情况下，人们会变得相对"贫穷"，因此，人们的其他消费支出可能就会下降，不利于其他产业或产业间的协调发展。

特别地，技术进步在创造新的产业的同时也深刻改造着传统产业，从而促进了诸多产业的交叉融合。尤其是在现代社会，在信息技术、大数据、物联网、云计算、人工智能等技术的巨大冲击下，制造业、交通运输业、服务业等产业均在高速融合。新的时代特征有利于产业间建立公共的技术和市场基础，优化资源在产业间的配置，重构价值链和价值创造的过程，协调产业之间的竞合关系，使得企业获得更多的市场机会，提高企业自身生产经营和管理水平，最终形成持续的竞争优势。整体来看，产业之间的关联方式呈现出多样化的特征，按照产业

间的供给与需求关系、资源配置关系、技术流程或技术工艺的方向和特点,产业关联具体表现为以下几种形式:

(1) 单向产业关联,指的是多个产业部门之间,上游或者先行产业部门为下游或后续产业部门提供产品,但下游或者后续的产业部门的产品不会逆向供给上游或者先行产业部门。此类下游或者后续行业基本都处于产业链条末端,产品基本面向最终消费环节。与之相关联的上游产业为这类产业发展提供原材料、零部件等初级产品,供下游产业部门在生产产品或服务的过程中直接消耗掉,且下游产业所生产的产品或服务由消费部门直接消费掉,不再返回到上游、先行产业的再生产环节。如棉花→纺纱→布匹→服装产业之间的关联便是单向关联。

(2) 双向或多向产业关联。除了单向关联以外,某一产业或者多个产业之间存在着双向或多向关联,即产业之间相互影响、相互依赖。以 A 产业和 B 产业为例,A 产业所生产的产品是 B 产业生产流程中的要素部件,在 B 产业产品生产过程中会被直接消耗掉;同时,B 产业的产品也会返回到 A 产业部门的生产过程中。A 产业和 B 产业之间的产业关联为双向关联。如果三个或三个以上产业部门之间存在上述交叉循环联系,则这些产业之间便存在多向关联。

(3) 直接产业关联。随着经济社会各部门之间联系日益密切,产业之间存在大量的直接联系。产业之间能够通过产品、服务、投资或技术等纽带产生直接的业务联系,例如,钢铁产业与煤炭产业,钢铁产业与汽车制造业,林业与家具制造业,交通运输业与旅游业等产业之间存在广泛的、直接的经济技术联系。产业之间的直接关联通过产品与服务发生直接业务关系,或者它们同处于同一产业链的不同生产流程。产业之间的直接关联往往比较容易发现。

(4) 间接产业关联。现代国民经济各部门之间的产业关联错综复杂,除了直接产业关联以外,产业之间存在着大量隐蔽的、间接的关联,它们之间虽然没有直接的经济技术联系或者业务联系,但是它们会通过一系列的"中介"产生联系,例如,汽车产业和采矿业之间的关系。直观上看,汽车产业与采矿业并无直接关联,但是,汽车产业发展与钢铁产业之间存在直接关联,而钢铁产业与采矿业之间存在较为密切的直接产业联系。因此,由于钢铁产业的中介联系,汽车产业与采矿业之间存在间接的产业关联。

学者通常用产业关联度来衡量产业之间的关联关系。产业关联度刻画的是当某个产业部门的投入产出数量发生变动时,相关联产业所"感受"到的被波及程度和被影响程度。现有的文献中,投入产出模型是分析产业关联机制的最常用也是最基本的研究方法。产业部门之间的投入产出关系实际上描述的是产业之间产品与服务的相互消耗、相互依存的依赖共生关系。其中,投入产出分析模型中的"投入"具体指各个行业在产品生产过程中所消耗的各种类型的生产要素,例如,原材料、燃料、固定资产折旧和劳动力等;"产出"指的是各行业所生产的产品的分配去向或流向,例如,用于生产资料消费、生活资料消费或者资本积累等。投入产出模型是根据投入产出表,建立相应的线性代数方程组来模拟生产过程中国民经济各产业部门产品的相互"流入""流出"的统计模型,通过分析产业间的投入与产出的数量比例关系来分析各产业间的各种重要的比例关系。一般通过投入产出模型计算产业之间的消耗系数与分配系数,进而分别刻画产业之间相互依存和相互波及的程度。

2.3 体育产业高质量发展机制理论分析

2.3.1 内生动力机制

要素供给和市场需求是体育产业发展的最根本的双轮内生驱动机制,是推动体育产业高质量发展的两翼。其中,要素供给是体育产业存续的根基,决定着其发展的规模和水平。市场需求是体育产业产生和发展的诱因和归宿,对体育产业的成长起着推动和导向作用。因此,体育高质量发展的内生驱动机制集中体现为要素供给机制和市场需求机制。

1. 要素供给机制

作为经济史上应用较早的经济增长模型,哈德罗-多马增长模型反映了经济增长由国民储蓄率和资本产出比率共同决定(Harrod R,1948)。从哈德罗-多马方程中不难看出,经济增长取决于国民储蓄和投资情况。后来,在哈德罗-多马增长模型的基础上,以索洛(1956)和斯旺(1956)为代表的新古典增长模型证明了资本积累、人口增长、外生技术进步对国民经济增长的影响。其中,索洛模型的核心观点为"机器是增长的关键",这里的机器指的是外生的技术进步。内生增长理论将技术进步内生化,证明了短期内的经济增长主要依赖于资本、劳动力等基础生产要素的投入,但是,长期的经济增长则取决于技术进步。综合上述分析,体育产业发展的要素供给机制集中体现为资本形成、人力资本和技术进步等生产要素供给对体育产业发展的作用。

(1) 资本形成在体育产业发展中的作用

按照主流经济学理论,物质资本的规模和结构是一国经济发展的根基,反映了一国的生产能力。古典经济增长理论阐述了经济增长率与资本积累率之间存在正向关系,强调了资本积累对经济增长的作用。后来的哈德罗-多马增长模型论证了资本积累是经济增长的唯一决定因素,进一步引发了社会各界对资本决定论的深入研究,说明了产量与资本存量之间存在固定关系。多马认为只要资本存量增加,就会有"工人追逐机器"的情况。当然,需要特别注意的是,这种现象的发生以社会存在高失业率为前提(Domar E D,1946)。现代经济增长理论的典型代表——凯恩斯主义理论同样强调了投资对经济增长的拉动作用。另外,罗斯托在其著名的经济成长阶段论中特别强调资本积累对经济增长的贡献,他认为,当经济处于初始发展阶段时,要实现经济的顺利起飞,资本积累率必须达到10%以上。刘易斯(2002)则认为,一国经济增长的问题主要表现为社会储蓄率从4%—5%转换到12%—15%的过程,以及在此过程中制度、方法和认识的转变。

由此可见,资本和劳动等基础要素供给是体育产业发展的先决条件,从根本上决定了体育产业的发展演进。生产要素的充裕程度和内在结构决定体育产业发展的规模和水平。具体表现在:一方面,要素供给的充裕程度影响体育产业发展水平;另一方面,要素供给偏好影响体育产业结构。要素充裕程度主要取决于资源禀赋状况、经济发展水平、社会储蓄率等因素的影响,而要素供给的充裕程度主要受投资引导政策、投资回报率、个人投资偏好和利率等因素的影响。

(2)人力资本在体育产业发展中的作用

人是经济社会发展的主导,一国或地区的劳动力人口增长速度、规模和质量对国民经济发展至关重要。舒尔茨认为,完整的人力资本是体力、智力等素质的综合,一般用劳动力数量、劳动力受教育程度或者劳动时间表示。通常情况下,人力资本数量供给增加,体育产业实际产出上升。图2.2说明了人力资本变动对体育产业增长的影响,其中,纵轴代表物质资本投入量,横轴代表人力资本投入量,曲线为生产可能性曲线。

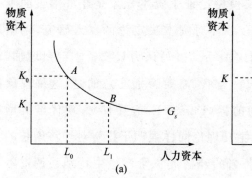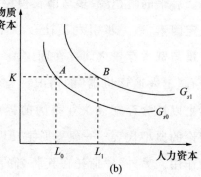

图 2.2　人力资本对体育产业产出的影响

图 2.2(a)中,在体育产业产出为 G_s 的情况下,人力资本投入量由 L_0 增加到 L_1,在同一产出水平下,物质资本投入由 K_0 降低到 K_1,物质资本投入量减少了 K_0K_1。由此可见,体育产业人力资本投入增加,在维持现有体育产业产量不变的情况下,能够节约一定的体育产业物质资本投入。

图 2.2(b)中,在体育产业物质资本投入量为 K 的情况下,人力资本投入量由 L_0 增加到 L_1,则生产可能性曲线则会外移,相应的体育产业产出由 G_{s0} 增加到 G_{s1}。由此可见,在维持现有物质资本投入不变的情况下,体育产业人力资本投入增加,能够推动体育产业生产可能性曲线外移,使得体育产业产出增加。

根据国内外经济发展的历程,拥有丰富价格低廉的劳动力且资本相对匮乏的国家或地区应该多发展劳动密集型的体育行业,例如,体育服装行业、运动鞋类行业等。劳动力资源匮乏但资本比较充裕的国家或地区应该多发展资本密集型的体育行业,如大型体育场馆建造与运营、健身器材制造等。

(3) 技术进步在体育产业发展中的作用

技术进步不仅拓宽了体育产业的劳动对象,改良了劳动工具,使得体育产业各个行业不断细化、新的部门不断涌现,还推动了体育产业内涵和外延不断拓展和深化。且随着技术进步不断地催生人们新的需求,体育产业不断向前发展。技术进步对体育产业发展的具体作用机制如图 2.3 和图 2.4 所示。

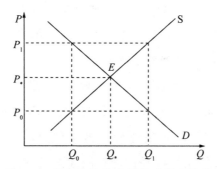

图 2.3　新古典体育市场供求静态均衡

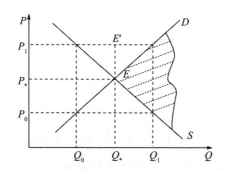

图 2.4　技术进步条件下体育市场供求均衡

经济学一个最基本的假定为要素的稀缺性。新古典经济学中,基于完全信息和完全理论的假设,在边际效用递减规律和边际报酬递减规律的作用下,消费者需求曲线为向右下方倾斜的曲线,厂商的供给曲线为向左上方倾斜的曲线。当需求曲线和供给曲线相交时,市场达到均衡状态,交点为市场短期均衡点。新古典均衡理论说明无论初始点在哪里,经济系统最终都收敛于一点。

在知识经济时代,由于知识、技术在一定程度上能够实现对物质资本的"替代",进而使得要素的稀缺性相对下降,在知识、技术等因素的作用下边际收益递增、边际成本递减成为可能。由于知识、技术进步具有很强的溢出效应,即具备"非竞用性",其所带来的边际成本上升的幅度要小于所引致的物质资本边际成本下降的幅度。因此,在技术进步的条件下,会产生一条向右下方倾斜的供给曲线,如图 2.4 所示。在需求方面,由于技术进步的存在,产品围绕消费者需求不断优化升级,功能更全、更强,给消费者带来更好的体验和更高的满足程度,在这种条件下则会出现边际效用递增的现象,结果导致消费者的需求曲线向右上方倾斜,如图 2.4 所示。另外,在 EE' 曲线的左侧,例如点 Q_0,消费者对体育产品的效用评价要低于体育厂商的生产成本,供求均衡不会发生,而在 EE' 曲线的右侧,例如点 Q_1,消费者对体育产品的效用评价高于体育厂商的生产成本,经济系统也不会存在供求均衡点,但是,这样会导致一个"均衡空间的出现"。在此情形下,体育产业市场均衡点不再唯一,产业发展也不再是收敛的。

根据图 2.3 和图 2.4,并结合上文的分析,由于存在知识、技术进步,体育产业产品需求的增加会刺激体育产业供给的上升。长期看,体育产业厂商的成本和价格有可能下降,这会进一步刺激体育产品需求的增加,使得生产规模进一步扩大,进而带来新一轮体育厂商生产成本和价格的下降,如此良性循环不断持续,结果是体育产业厂商和消费者的福利不断提升。

2. 市场需求机制

按照马克思政治经济学理论,由需求引致的消费是体育产业资本顺利实现增值循环的关键一环。只有在有效的市场需求条件下,才能够保证体育产业资本完成"惊险的跳跃",体育产业资本才能够不断实现价值增值,体育产业才得以不断地实现扩大再生产。因此,体育产品或服务的有效需求不足,就会导致体育产业的供给缺乏有效激励,体育产业发展便失去了动力与方向。

根据市场需求理论,体育产业发展受制于体育消费市场的发展,体育产业的繁荣发展需要以体育消费市场的繁荣发展为前提。体育产业投资逐步扩大的发展历程也是体育产业市场主体积极满足居民对体育产品和服务的需求并逐渐扩大再生产的过程。尤其在我国进入买方市场后，大众对体育类产品和服务的消费需求快速增长（江小涓，2018），消费需求的增长成为体育产业投资不断扩张的原动力。因此，居民消费水平的提高会刺激对体育产品和服务的需求，体育消费市场发展的广度和深度深刻影响着体育产业发展的外延和内涵，同时也制约着体育产业投资的经济增长效应的发挥（张亮、王文成，2021）。市场需求主要涵盖个人或家庭消费需求、政府需求和国外需求。自体育产业形成之际，需求机制便成为体育产业发展的内生主导机制之一，消费需求的增加会进一步通过乘数—加速数效应不断推动体育产业发展壮大。

第一，消费的乘数效应。消费乘数效应是指经济活动中消费支出的增减所引起的经济总量变化的程度。在体育产业发展过程中可以利用乘数论来说明需求机制对体育产业发展的带动作用。现实生活中，由于体育产业的相关产品和服务主要是为了满足人们对发展或是享乐的需要。因此，对体育产品或服务的需求中，居民的消费需求占主导地位。居民消费需求的增加会进一步引致国民收入呈若干倍增加，进而体育产品或服务的需求进一步增长。假定社会的边际消费倾向为 0.8，当国民收入增加 100 万元时（第一轮），人们会将 80 万元用于消费支出。于是，人们消费支出的 80 万元又会以工资、利息或者租金等形式流入人们手中。因此，该社会的国民收入又会增加 80 万元（第二轮），同样地，人们又会将 80 万元收入中的 64 万元用于消费支出……如此过程不断地循环往复，最终，国民收入会增加 500 万元，而总的消费支出也高达 400 万元。

国民收入增长带动消费需求增加，会进一步通过乘数效应使体育产业产出成倍增长，体育产业总量成倍的增长进一步刺激体育消费需求进一步扩大,如此不断地循环往复。在这一循环过程中,人们对体育产品或服务需求的初始推动力不断地被强化、放大,形成了一种数倍于原始需求动力的推力,这种推力可以进一步促进人们对体育的消费,激发体育产业内部各类企业的投资行为、企业创新行为等,而企业的投资行为又会进一步通过加速数效应加快其他动力的产生与增强,而且速度会越来越快,实现了放大作用。

第二,消费的加速数效应。产出水平的变动与投资支出水平变动之间的数量比例关系被称为加速数效应。通常来讲,增产一定数量的产品往往需要投入数量更多的资本量。如生产100元的产品,往往需要投入300元的资本量。资本—产出比为$300/100=3$。资本—产出比通常被称为加速数。如果加速数大于1,则资本存量所需要的增量须大于产量的增量。当消费需求增加时,产量也会相应增加,通过加速数效应,投资进一步增长,而投资的增长又会使国民收入增加,国民收入增加又会使得消费需求进一步增长。如此循环往复,经济发展进入不断扩张的阶段。

在乘数—加速数效应的催化下,由需求拉动的体育产业投资和产量成倍增加,体育产业投资与产出的增加反过来对下一轮需求产生倍数效应。换句话说,需求机制对体育产业的成长具有数倍于需求量的拉动作用,体育产业获得快速成长,而体育产业快速成长又反过来刺激新一轮需求机制再次发挥作用,从而达到了体育产业不断壮大的效果。需要说明的是,乘数—加速数机制发挥作用的前提是社会资源未得到充分利用。由于存在丰富的闲置资源,许多资源能够被开发和利用,因此,需求机制通过乘数与加速数的放大作用,在资源未充分利用的条件下,一定能推动体育产业发展壮大。

综合上述理论分析可以认为,经济发展和国民收入水平的增长能够为体育产业提供发展的基础。随着居民收入提高,人们会更加珍视"闲暇",会进一步追求更高的生活质量,于是对体育产品和服务的需求随之扩大,进而刺激体育产业投资不断增加,最终从供需两端极大推动体育产业的增长。体育产业增长不仅会直接促进地区经济增长,而且还会通过回顾效应、前向效应和旁侧效应等产业关联效应进一步促进经济增长和居民可支配收入水平的提高(张亮、王文成,2021)。

2.3.2 外在调节机制

(1) 政府调控机制

体育产业属于绿色朝阳产业,一方面,要发挥市场机制在体育产业发展中的决定性作用;另一方面,也要适时适度加强政府对体育产业的宏观调控,解决体育经济领域中市场机制无法解决的问题(如不完全市场、公共物品、信息不对称、外部性等),促进体育产业茁壮成长。近年来,体育产品和服务的内需不断扩大,尤其是政府采购拉动了我国体育产业规模的扩张。根据公共经济学理论,政府主要通过以下几种途径来干预或调控体育产业发展:

第一,政府规制。政府利用法律手段、行政手段来约束和规范体育市场主体行为,维护各类体育企业公平有序竞争,打击破坏市场秩序的行为。政府通过法律规制等手段,严格保护体育市场主体的合法权益,维护经济秩序,调节市场纠纷,解决市场矛盾,保证市场正常运行;利用征税、补贴、管制等手段解决体育产业中的外部性问题;通过政府规制来禁止不合理的价格歧视、垄断合谋、捆绑协议等不利于体育市场竞争的垄断市场行为,防止垄断带来的效率损失,保护和扶持初创期、潜力大的体育企业。

第二,参与生产。政府可以通过直接供给体育产品或服务来干预体育产业发展。政府参与体育产品供给的领域主要在公共物品或准公共物品领域,例如,体育主题公园、全民健身设施、基础体育科技研发等。由于此类体育产品具有(或在一定程度上具有)非竞争性、非排他性,以及效用的不可分性等特征,仅仅依靠私人部门生产往往达不到社会最优的生产规模。另外,一些体育产品或服务的生产需要大规模投入,例如,国际性体育赛事、全国性体育赛事、大型体育场馆建设等,私人部门没有能力提供此类体育产品或服务,仅靠市场调节,往往导致供给量不足。

第三,政策扶持。从发达国家体育产业的发展历程看,体育产业的崛起主要源于两方面:一是组织内部的内生动力,二是组织外部的外生动力。组织外部动力主要来自政府对体育产业发展的引导和干预。政府是体育产业发展的重要推动力量,通过建立差别化的税收、转移支付等行政类制度安排来影响资源在产业部门之间的流动配置,影响体育企业的各种决策行为,引导和激励体育产业成长。为促进体育产业发展,政府的体育产业调控政策可以分为两种类型:第一类是自下而上型的体育产业政策取向,政府的体育产业政策重点放在培育相关市场功能上。政府在此过程中只是充当了市场机制运作的助动器和催化剂的角色。第二类是自上而下型的体育产业政策取向,政府的体育产业政策侧重于设置国家整体利益的优先权,通过制定具有完善的体育产业发展远景规划,来保证体育产业经济的安全与可持续。当体育产业发展的体制机制成熟后,把体育产业发展的主导权交给市场,政府不再充当体育产业发展的主角。

第四,完善社保体系,调节收入差距。按照凯恩斯理论,人们的消费行为存在边际消费倾向递减规律,即消费支出增量在收入增量中所占的比重呈递减趋势。因此,高收入群体的边际消费倾向往往要小于低收入群体的边际消费倾向,如果社会整体收入分配差距过大,则社会整体平均边际消费倾向较小。即收入分配差距过大一般会导致社会整体的消费需求不足。另外,人们在日常生活中,通常具备一定的谨慎动机(预防性动机),个人或者企业为了预防意外风险而持有一部分资本用来满足自身的安全的需求,或者维持基本生活现状的需求。例如,人们为应对疾病、失业、天灾人祸等意外事件需要"锁定"一部分资金,这部分被"锁定"资金挤占了人们的消费支出。同时,这部分资本比例取决于人们对风险的预期,而风险的预期在很大程度上取决于社会保障体系的完善程度。

现实生活中,居民的收入主要依赖生产过程中所投入的生产要素,由此获得的利息、工资、租金等。同时,人们的收入水平还取决于个人的努力程度、受教育程度和运气成分等因素。由于个人先天禀赋、初始财富水平、健康状况和运气等内外在因素的影响,现实中人们之间的收入水平存在差距,再加上市场机制的不完备,社会贫富差距有可能逐渐扩大,对于经济发展产生不利影响。政府利用财税工具等形式对居民的收入进行调节。此外,政府通过建立完善的社会保障体系,以社会保险、社会救助和社会福利等途径解决或缓解人们的后顾之忧,提升人们的安全感。一方面能够保证生产要素的持续供给,另一方面还能刺激消费市场,保证市场需求,于供需两端释放经济长期增长的潜力。

(2)其他外在调节机制

根据内生经济增长理论,体育产业部门的要素供给和市场需求是体育产业发展最根本的内生驱动机制,是体育产业能够得以产生和发展的原动力,市场需求是体育产业产生和发展的诱因和归宿,二者对体育产业的成长起着根本的推动和导向作用。但是,除此之外,体育产业的发展还会受到一系列其他外在环境变量的影响,例如,一个地区的产业结构现状、市场化程度、对外开放程度等。具体地,地区的产业结构状况决定了一个地区的产业生态,会通过产业链从供需两端对体育产业发展产生较大影响。市场是资源配置的重要手段,市场机制能够直接引导人们的投资行为和消费行为,进而对体育产业发展产生深刻影响。因此,一个地区市场化水平的高低直接影响着一个地区体育产业发展状况。另外,对外开放程度深刻影响着国家或地区之间资源、产品、技术和劳务等方面的交流,不同地区之间的合作交流能够为体育产业的发展带来较大的机遇和挑战。

此外,根据新经济地理学理论,一国或地区的体育产业的发展不仅受本地区体育类生产要素投入及其他相关环境变量的影响,同时,也会受邻近地区体育产业发展及其他相关因素的影响。一国或地区的经济活动的空间分布、空间演化等状况受邻近地区的影响较大,结果会导致各地区产业发展过程中呈现出不同的空间集聚、空间分异、空间依赖等特征(Zahra S A,2002)。实际上,现实中各个地区的体育产业发展不再"相互独立",而是相互影响、相互作用。本书借鉴相关学者(Hulten C R, Esra B, Sylaja S,2006)的做法,构造以下数学表达式来进行进一步说明:

$$Sport\_output_i = \alpha + \beta Sport\_invest_i + \lambda Sport_j + \gamma Control_i$$

上式中的 $Sport\_output_i$ 表示 i 地区的体育产业产出,受 i 地区体育产业固定资产投资 $Sport\_invest_i$ 以及其他相关变量($Control_i$)的影响。根据经济社会发展的一般经验规律以及新经济地理学理论,体育产业部门的资本、劳动、技术等要素在市场机制或者政府调控的影响下,在各个地区之间始终处于动态配置的过程中。一般而言,i 地区的体育产业固定资产投资除了受本地区体育产业发展状况的影响之外,还会受到邻近 j 地区体育产业发展状况($Sport_j$)的影响。同理,邻近 j 地区体育产业的发展($Sport_j$)同样也会影响到 i 地区体育产业投资的规模与水平 $Sport\_invest_i$,进而对 i 地区体育产业发展产生影响。本书基于新经济增长理论,假定一个地区的体育产业不仅依赖本地区技术、管理等要素的进步,同时还受其他地区体育产业发展的影响,这种外在的影响可能是正向的积极的影响,也有可能是负面的消极的影响。

2.3.3 门槛约束机制

根据马斯洛需求层次理论,一般情况下,人们会优先满足低层次的需求。人们对体育产品或服务的需求属于较高层次的需要，它必须建立在低层次需求得到满足的基础之上。换而言之，人们对体育产业发展的市场需求必须建立在一定的物质条件基础之上，即必须迈过一定"门槛"条件，这样的物质条件必须首先保证低层次的需求得到满足。由于体育产业产品和服务需求通常归属于较高层次的需求，且体育产业属于高收入弹性产业。因此，只有当收入达到一定高度，超过一定的"门槛限度"时，才会释放人们对于体育产业产品和服务的需求潜力。（见图2.5）

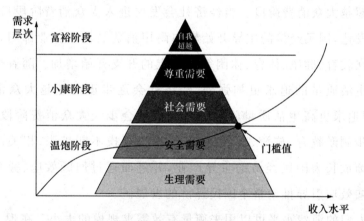

图2.5 体育产业发展的门槛机制示意图

根据配第-克拉克定理，随着经济社会的不断发展，农业部门在国民经济中的地位逐渐下降，而第二产业依靠其技术进步、规模经济等特点，在国民经济中会逐渐占据主导地位。随着居民收入水平的进一步提高，工业产品的需求收入弹性会逐渐降低，而服务、休闲类产品和服务的需求收入弹性将会增加，劳动力也会逐渐集中到此类产业。体育产业属于服务和休闲类行业，在需求增加的刺激下体育产业投资规模和结构也会发生相应变化。体育产业在投资驱动下会渐趋繁荣，不仅成为新的经济增长点，而且也能够促进产业结构转型升级（张亮、王文成，2021）。

另外,根据库兹涅兹人均收入影响论,随着经济不断发展,人均国民收入逐步提高,能够不断推动服务休闲类产业的兴起和壮大。可见,随着居民收入水平提高,人们对身心健康、生活质量的追求会更加强烈,而体育产业投资在很大程度上能够满足人们对健康、休闲等方面的需求。因此,体育产业在市场需求的刺激下会逐渐发展壮大(张亮、王文成,2021)。

根据罗斯托经济发展阶段论,人类社会发展分为六个阶段,依次是传统社会阶段、准备起飞阶段、起飞阶段、走向成熟阶段、大众消费阶段和超越大众消费阶段。当经济社会发展进入大众消费阶段后,工业高度发达,国民经济的主导开始转向耐用消费品和服务业部门,同时,人们在教育、健康、体育、休闲等项目上的开支开始增加。随着公众对更高生活质量的追求更加强烈,经济社会逐步迈向超越大众消费阶段,即追求更高生活质量阶段。当经济社会步入大众消费阶段后,会进一步刺激教育、旅游、文娱、体育等投资规模不断扩张,相关产业也会逐渐成长为国民经济的主导产业,并进而通过回顾效应、旁侧效应和前向效应引导推动整个国民经济的发展。

人们的消费水平可以用来衡量有效需求规模的大小。在现实生活中,影响消费水平的因素多种多样,例如,收入水平、价格水平、利率水平、收入分配、家庭财富水平、消费信贷状况、消费偏好、风俗习惯、消费群体年龄结构等。在凯恩斯看来,家庭收入对消费水平起决定作用。随着经济不断发展,人均国民收入水平逐步提高,人们对身心健康、生活质量的追求会更加强烈,而体育产业发展在很大程度上能够满足人们对健康、休闲等方面的需求。事实上,根据发达国家经济社会发展的一般规律,当人均GDP近1万美元时,体育产业发展才会具备较大的前进动力。从发达国家发展的历史经验看,随着国民收入水平的不断增加,体育产业投资规模也不断扩大,体育产业在国民经济中的地位和作用不断提高(张保华、李江帆、李冠霖,2007)。体育产发展的门槛机制可以用以下函数表达式进行描述：

$$Sport\_output_{it} = \mu_i + \beta_1 Sport\_invest_{it} I(Income_{it} \leqslant \gamma)$$
$$+ \beta_2 Sport\_invest_{it} I(Income_{it} > \gamma) + \theta' x_{it}$$

上述门槛模型中，可以把居民可支配收入作为门槛变量，以此考察体育产业发展在居民收入水平约束下的门槛特征。其中，$Sport\_output_{it}$ 表示体育产业发展状况，例如，可以用地区体育产业产值表示。$Sport\_invest_{it}$ 表示体育产业资产投资情况；$Income_{it}$ 为门槛变量，可以用居民收入水平表示；x_{it} 为其他影响体育产业发展的变量集。城镇居民可支配收入为门槛变量，用城镇居民人均可支配收入表示。系数 β_1 和 β_2 为当门槛变量 $Income_{it} \leqslant \gamma$、$Income_{it} > \gamma$ 时的回归系数向量；x_{it} 为由解释变量构成的 m 维向量；$Income_{it}$ 为门槛变量；$I(\cdot)$ 为指标函数，当括号中的条件成立时取值为 1，否则取值为 0。为了更清晰地表达上述两区制方程形式，上述门槛回归模型可表示为：

$$Sport\_output_{it} = \begin{cases} \mu_i + \beta_1 Sport\_invest_{it} + \theta' x_{it}, & Income_{it} \leqslant \gamma \\ \mu_i + \beta_2 Sport\_invest_{it} + \theta' x_{it}, & Income_{it} > \gamma \end{cases}$$

2.3.4 产业关联机制

产业关联是现代产业发展的一个显著趋势。特别是，近年来随着数字信息技术的突破性发展，许多产业发展的边界开始模糊，产业关联的范围越来越广，关联的深度也日益加深。这些关联主要是通过产品、劳务、生产技术、价格、投资等途径得以实现。通常情况下，某个产业产品或服务的价格波动会通过收入效应、替代效应对体育产业的产品或服务结构产生影响，例如，当一个地区的房价普遍上涨，在人们名义收入保持不变的情况下，人们会变得相对"贫穷"。因此，人们用于体育消费支出的比例可能就会降低，不利于地区体育产业的发展繁荣。换句话说，地区的房地产业挤压了体育产业的发展空间。

本 章 小 结

本章首先对体育产业、体育产业高质量发展以及体育产业高质量发展机制的内涵进行界定和阐述。由于高质量发展是一个动态概念，因此，在不同的发展阶段，体育产业高质量发展的内涵、重点也会发生变化。当前，我国大部分地区实现体育产业高质量发展的根本思路与首要目标是做大、做实体育产业，壮大体育产业发展的规模与水平，培育体育产业内生发展的能力。从本质上讲，体育产业高质量发展机制反映的是影响体育产业发展的各相关要素和体育产业发展、演进的内在逻辑关系及其运行体系。其次，本章介绍了体育产业高质量发展机制的主要相关理论，主要包括内生增长理论（新经济增长理论）、技术进步（创新）理论、公共经济学理论、产业结构演进理论和产业关联理论等。最后，本章在理论分析的基础上理清了我国体育产业高质量发展的机制。

本书通过机制分析发现，要素供给和市场需求是体育产业发展的最根本的双轮内生驱动机制，是推动体育产业高质量发展的两翼，体育产业高质量发展的内生驱动机制集中体现为要素供给机制和市场需求机制。其中，体育产业发展的要素供给机制集中体现为资本形成、人力资本和技术进步等生产要素供给的促进作用。同时，体育产业的繁荣发展需要以体育消费市场的繁荣发展为前提，需求机制是体育产业发展的内生主导机制之一，消费需求的增加会进一步通过乘数—加速数效应不断推动体育产业发展壮大。由于体育产业产品和服务需求通常归属于较高层次的需求，体育产业也属于高收入弹性产业。因此，只有当收入达到一定水平，超过一定的"门槛限度"时，体育产业才能获得较大的发展动力。另外，政府调控对体育产业发展影响较大，政府主要通过政府规制、参与生产、政策扶持、调节收入差距、完善社会保障体系等手段来影响体育产业高质量发展。除此之外，体育产业的发展还会受到一系列外在环境变量的影响，例如，地区产业结构现状、市场化程度、对外开放程度等等。最后，现实中的体育产业与其他产业之间有着广泛的、紧密的产业关联机制，而这种产业关联机制主要通过产品、劳务、生产技术、价格、投资等途径发挥效用，主要通过收入效应、替代效应对体育产业产品或服务的规模与结构产生影响。

第 3 章 我国与典型发达国家体育产业发展状况对比分析

本章将分析我国体育产业发展的历程与现状、问题与不足,同时对具有代表性的国外发达国家的体育产业发展状况进行论述。通过与发达国家体育产业发展进行对比分析,总结其先进经验,以期为我国体育产业发展提供一定的经验参照。

3.1 我国体育产业发展概况

3.1.1 我国体育产业发展历程梳理

(1) 萌芽阶段(1978—1992 年)

1978 年,改革开放拉开序幕,体育事业也迎来了明显变化。一方面,赋予了体育系统内体育场馆一定的经营灵活性,"以体为主,多种经营"的发展方式正是在这一时期被提出。即在不影响群众体育、运动竞赛正常开展的前提下,可以对体育场馆采取多种经营方式,以创造收入。另一方面,社会资金开始进入体育产业。1980 年,广东省人民体育场举行了"万宝路广州网球精英大赛"。这是改革开放后第一场商业体育比赛,是体育产业化的初尝试。该项赛事由美国菲利普莫里斯公司赞助、我国广东体育服务公司和香港国际管理集团联合主办,赛场上出现了产品广告,也临时搭建了商铺用于出租。

在这一时期,虽然体育事业发展萌生了"市场化"变化,但由于当时经济水平不高、人民对于体育的认识不够充分,体育产业的发展仍然比较缓慢。

(2) 探索阶段(1992—2000年)

1992年,中国共产党第十四次全国代表大会召开,明确要建立社会主义市场经济体制。体育事业的发展自然要与经济体制改革相适应。为此,国家出台了一系列政策。如1993年国家体委颁布的《关于深化体育改革的意见》《关于培育体育市场、加快体育产业化进程的意见》以及1995年国家体育总局发布的《体育产业发展纲要(1995—2010年)》。这些政策文件的核心均在于推动体育"产业化"发展,不仅明确了体育产业的内容,也对未来体育产业发展的方向作出了指示。值得一提的是,我国足球甲级联赛在1994年正式启动,成为我国竞技体育产业化发展的重要标志。

在这一时期,相关政策文件的陆续颁布,为体育产业发展提供了基本保障,指明了发展方向。

(3) 起步阶段(2000—2012年)

进入21世纪,我国体育产业得到了一定的发展。此期间,我国体育发展出现重要的标志性事件——北京奥林匹克运动会举办。我国于2001年获得2008年夏季奥运会的举办权,一系列利好政策随之而来,民众对于体育的热情空前高涨,极大地促进了体育消费。2006年,《体育产业"十一五"规划》明确了我国体育产业的发展目标。2010年,《关于加快发展体育产业的指导意见》发布,该文件是国家层面第一次出台专项政策规划体育产业发展。2011年,《体育产业"十二五"规划》印发。在2008年北京奥运会这场世界顶级赛事的助推下,体育产业迎来了机遇期,不论是国家政府层面还是群众层面,对体育产业的重视程度都大大提高。

在这一时期,体育产业规模不断扩大。根据现有数据,如表3.1所示,2006年体育产业增加值为982.89亿元,到2012年该指标已增至3135.95亿元,总增长率为219.05%。体育产业增加值增速喜人,2007—2012年间增速均超过GDP增速。同时,体育产业经济贡献度不断提高,增加值占GDP比例由2006年的0.45%增加至2012年的0.58%。

表3.1　2006—2012年体育产业规模相关数据

指标	2006年	2007年	2008年	2009年	2010年	2011年	2012年
增加值（亿元）	982.89	1265.23	1554.97	1835.93	2220.12	2689.06	3135.95
增速(%)	—	28.73	22.90	18.07	20.93	21.12	16.62
占GDP比重(%)	0.45	0.48	0.49	0.53	0.54	0.55	0.58
GDP增速(%)	—	23.08	18.20	9.17	18.25	18.40	10.38

注:GDP数据来源于国家统计局网站且采用名义GDP,体育产业增加值数据来源于国家体育总局体育经济司公布的《新中国体育产业工作发展研究》,其余数据为作者计算所得。

（4）发展阶段（2012年至今）

党的十八大以来,随着体育产业在国民经济发展和人民生活中的重要性日益突出,一系列国家层面发展体育产业的相关文件相继出台。如表3.2所示,国家自2014年开始频频发布促进体育产业发展的文件。相关文件指出,要让体育产业在我国经济高质量发展中发挥重要作用,体育产业要更大、更活、更优,成为国民经济支柱性产业。

表 3.2 2012 年以来国家层面促进体育产业发展的主要文件

年份	文件名称
2014	《国务院关于加快发展体育产业促进体育消费的若干意见》(以下简称"国务院 46 号文件")
2016	《国务院办公厅关于加快发展健身休闲产业的指导意见》(以下简称"国办 77 号文件")
2018	《国务院办公厅关于加快发展体育竞赛表演产业的指导意见》(以下简称"国办 121 号文件")
2019	《体育强国建设纲要》(以下简称"国办 40 号文件")
2019	《国务院办公厅关于促进全民健身和体育消费推动体育产业高质量发展的意见》(以下简称"国办 43 号文件")

进入新常态以来,有关体育产业发展的国家层面的政策文件陆续出台。一方面,将体育产业发展的地位上升到了国家战略层面。另一方面,这些政策也得到了地方政府的积极响应。全国体育产业发展如火如荼。如表 3.3 所示,从体育产业规模相关数据看,到 2019 年,体育产业增加值已达 11248 亿元,占 GDP 比重增至 1.14%。2015—2019 年,体育产业增加值增速领先于 GDP 增速。

表 3.3 2012—2019 年体育产业规模相关数据

指标	2012 年	2013 年	2014 年	2015 年	2016 年	2017 年	2018 年	2019 年
增加值(亿元)	3135.95	3563.69	4040.98	5494.4	6474.8	7811.4	10078	11248
增速(%)	16.62	13.64	13.39	35.97	17.84	20.64	29.02	11.61
占 GDP 比重(%)	0.58	0.60	0.63	0.80	0.87	0.94	1.10	1.14
GDP 增速(%)	9.69	22.88	18.15	8.55	17.78	17.83	9.69	7.79

注:GDP 数据来源于国家统计局网站且采用名义 GDP,体育产业增加值数据来源于国家体育总局体育经济司公布的《新中国体育产业工作发展研究》,其余数据为作者计算所得。

根据表 3.4 所示,2014—2019 年体育产业总规模由 1.36 万亿元增至 2.95 万亿元,年均增速达 16.89%。2021 年 10 月 25 日,国家体育总局印发《"十四五"体育发展规划》,其中提出体育产业总规模发展目标为5万亿元。按照2014—2019年体育产业总规模年均增速计算,该发展目标有望提前完成。

表 3.4 2014—2019 年体育产业总规模

指标	2014年	2015年	2016年	2017年	2018年	2019年	年均增速(%)
总规模（万亿元）	1.36	1.71	1.90	2.20	2.66	2.95	16.89
占GDP比重（%）	2.11	2.48	2.55	2.64	2.89	2.98	7.24

注:数据来源于国家体育总局网站。

表3.5中显示了2014—2019年间体育产业结构变化情况。研究发现,统计区间内体育服务业增加值不断增长,总增长达461.09%。另外,根据表3.5,2016年体育服务业占体育产业增加值比重超过50%,此后该比重逐年增加,到2019年已达到67.70%。这表明,体育服务业占比不断提升,产业结构逐步合理化。

表 3.5 2014—2019 年体育产业结构相关数据

指标	2014年	2015年	2016年	2017年	2018年	2019年	增幅(%)
体育服务业增加值（亿元）	1357.2	2703.6	3560.6	4448.6	6530	7615.1	461.09
体育服务业占比（%）	33.59	49.21	54.99	56.95	64.79	67.70	101.58
体育用品制造业增加值（亿元）	2547	2755.5	2863.9	3264.6	3399	3421	34.31
体育用品制造业占比（%）	63.03	50.15	44.23	41.79	33.73	30.41	−51.75
体育建筑业增加值（亿元）	136.8	35.3	50.3	97.8	150	211.9	54.90
体育建筑业占比(%)	3.39	0.64	0.78	1.25	1.49	1.88	−44.35

注:数据来源于国家体育总局网站。

现阶段,我国体育产业横跨二、三产业。虽然多数具体行业部门属于第三产业范畴,但我国体育产业中属于第二产业范畴的体育用品及相关产品的制造仍占有较大比例。2017年，我国体育产业中的体育用品及相关产品制造行业，体育用品及相关产品制造行业衍生的销售、贸易代理与出租行业以及体育场地设施建设行业等这三大行业的产出占体育产业总产出的比重高达83%。近年来，上述三大行业产出占比虽有所下降，但比重依然超过半数。

如表3.6所示，2017年，在体育产业总产出中，体育用品及相关产品制造行业占比高达61.4%，再加上体育用品及相关产品制造行业衍生的销售、贸易代理与出租行业（占比19.5%），以及体育场地设施建设行业（占比2.1%），这三大行业的产出占体育产业总产出的比重高达83%。

表3.6 2017年全国体育产业产出情况

体育产业类别名称	总量（亿元）		结构（%）	
	总产出	增加值	总产出	增加值
体育产业	21987.7	7811.4	100.0	100.0
体育管理活动	504.9	262.6	2.3	3.4
体育竞赛表演活动	231.4	91.2	1.1	1.2
体育健身休闲活动	581.3	254.9	2.6	3.3
体育场馆服务	1338.5	678.2	6.1	8.7
体育中介服务	81.0	24.6	0.4	0.3
体育培训与教育	341.2	266.5	1.6	3.4
体育传媒与信息服务	143.7	57.7	0.7	0.7
其他与体育相关服务	501.6	197.2	2.3	2.5
体育用品及相关产品制造	13509.2	3264.6	61.4	41.8
体育用品及相关产品销售、贸易代理与出租	4295.2	2615.8	19.5	33.5
体育场地设施建设	459.6	97.8	2.1	1.3

2019年，这三大行业占比有所下降，如表3.7所示。2019年的体育产业总产出中，体育用品及相关产品制造行业占比高达46.2%，再加上体育用品及相关产品制造行业衍生的销售、贸易代理与出租行业（占比15.3%），以及体育场地设施建设行业（占比3.2%），这三大行

业的产出占体育产业总产出的比重高达64.7%。

表 3.7 2019 年全国体育产业产出情况

分类名称	总量（亿元）		结构（%）	
	总产出	增加值	总产出	增加值
体育产业	29483.4	11248.1	100.0	100.0
体育服务业	14929.5	7615.1	50.6	67.7
体育管理活动	866.1	451.9	2.9	4.0
体育竞赛表演活动	308.5	122.3	1.0	1.1
体育健身休闲活动	1796.6	831.9	61	7.4
体育场地和设施管理	2748.9	1012.2	93	9.0
体育经纪与代理、广告与会展、表演与设计服务	392.9	117.8	13	1.0
体育教育与培训	1909.4	1524.9	65	13.6
体育传媒与信息服务	705.6	285.1	2.4	2.5
体育用品及相关产品销售、贸易代理与出租	4501.2	2562.0	15.3	22.8
其他体育服务	1700.2	707.0	5.8	6.3
体育用品及相关产品制造	13614.1	3421.0	46.2	30.4
体育场地设施建设	939.8	211.9	3.2	1.9

如表 3.8 所示，2020 年的体育产业总产出中，体育用品及相关产品制造行业占比虽有所下降，但是占比依然高达 29.3%，再加上体育用品及相关产品制造行业衍生的销售、贸易代理与出租行业（占比 24%），以及体育场地设施行业（占比 2.0%），这三大行业的产出占体育产业总产出的比重高达 55.3%。

综上，虽然我国体育产业结构不断优化，第三产业的占比持续提高，但仍未改变体育制造业及其相关衍生行业等占比在半数以上的事实。我国体育产业发展质量仍需进一步提高。

表 3.8 2020 年全国体育产业产出情况

体育产业类别名称	总产出 总量（亿元）	总产出 构成（%）	增加值 总量（亿元）	增加值 构成（%）	增加值 增速（%）
体育产业	27372	100.0	10735	100.0	−4.6
体育服务业	14136	51.6	7374	68.7	−3.2
体育管理活动	880	3.2	459	4.3	1.5
体育竞赛表演活动	273	1.0	103	1.0	−15.6
体育健身休闲活动	1580	5.8	736	6.9	−11.5
体育场地和设施管理	2149	7.9	808	7.5	−20.2
体育经纪与代理、广告与会展、表演与设计服务	316	1.2	98	0.9	−16.9
体育教育与培训	2023	7.4	1612	15.0	5.7
体育传媒与信息服务	847	3.1	339	3.2	18.9
体育用品及相关产品销售、出租与贸易代理	4514	16.5	2574	24.0	0.5
其他体育服务	1554	5.7	645	6.0	−8.8
体育用品及相关产品制造	12287	44.9	3144	29.3	−8.1
体育场地设施建设	948	3.5	217	2.0	2.4

3.1.2 我国体育产业发展模式分析

《产业发展理论及其应用》一书中对产业发展模式进行了定义,产业发展模式是指,在分析某一产业发展的基础条件之后,所采取的资源利用方式和发展路径(原毅军、董琨,2012)。温茜茜(2013)指出,产业发展模式应该是回答"一个产业是怎样发展起来的,其发展过程呈现出什么样的特点"这一问题。

(1) 政府的主导作用

我国的体育产业从无到有离不开政府的支持与引导。国家体育总局承担着整个国家体育发展的任务。因此,国家体育总局从中央财政获得资金的情况可以很直观地反映政府对于体育产业发展的支持力度。表3.9显示了2007—2020年国家体育总局收入情况。不难看出，中央财政拨款是国家体育总局收入的重要组成部分。2007年，国家体育总局来自中央财政拨款收入为143600.63万元，占总收入比重25.39%。随着国家对体育产业重视程度的提高，中央财政拨款规模逐渐增加，占体育总局总收入比重日益提升。自2014年以来，国家体育总局来自中央财政拨款收入占总收入比重超过50%，2019年该比重高达66.59%，足以表明中央政府在我国体育产业发展中的主要作用。

表3.9 2007—2020年国家体育总局收入情况

年份	中央财政拨款收入（万元）	占总收入比重（%）	占中央财政总支出比重（%）
2007	143600.63	25.39	0.13
2008	230534.87	43.92	0.17
2009	180273.58	41.17	0.12
2010	161574.82	45.29	0.10
2011	176678.46	44.59	0.11
2012	195191.64	47.41	0.10
2013	207065.46	48.82	0.10
2014	253215.73	54.45	0.11
2015	272895.59	52.68	0.11
2016	302064.45	54.43	0.11
2017	370875.76	60.01	0.12
2018	480493.72	65.06	0.15
2019	660852.82	66.59	0.19
2020	460904.00	58.34	0.13

注：数据来源于国家体育总局网站。

具体而言，在探究体育产业发展的基础条件时，参与体育锻炼的人数、体育运动场地供给水平以及人民进行体育消费的能力是三个主要分析对象。中华人民共和国成立之初，国内物质条件匮乏、百废待兴，不论是健身人群、体育场地还是体育消费能力都处于低水平。尽管如此，党和人民政府高度重视群众体育发展和人民身体健康。从借鉴苏联实行"劳卫制"开始，到后期颁布实施《国家体育锻炼标准》《全民健身计划纲要》，体育锻炼标准不断演化进步，群众体育在党和人民政府的政策引导下蓬勃发展，为体育产业萌芽奠定了良好基础。表3.10展示了1980—2005年部分年份群众体育发展情况。从现有数据看，1980年，我国达到《国家体育锻炼》标准的人数为856万人，占当年总人口比重仅为0.87%。到2005年，达标人数增至12234万人，较1980年增长了1329.21%；占当年总人口比重增至9.36%，较1980年增长了975.86%。

表3.10　1980—2005年部分年份群众体育发展情况

年份	1980	1985	1990	1995	2000	2005
达标人数（万人）	856	4362	7478	13926	15202	12234
占总人口比重（%）	0.87	4.12	6.54	11.50	11.99	9.36

注：达标人数是指达到《国家体育锻炼标准》的人数，数据来源于国家统计局网站。

此外，国务院自1995年颁布实施《全民健身计划纲要》后，陆续颁布了《全民健身计划纲要》第二期工程（2001—2010年）规划与《全民健身计划（2011—2015年）》《全民健身计划（2016—2020年）》《全民健身计划（2021—2025年）》四个连续性的文件，以保证全民健身工作的持续开展。国家体育总局于2015年11月16日公布了《2014年全民健身活动状况调查公报》，对比2007年相关数据可以发现城镇经常参加体育锻炼人数增加了48.0%，乡村增加了154.0%。城乡居民体育锻炼人数不断提高，为体育产业的发展奠定了良好的基础。

另外，就体育场地建设而言，国家在大力宣传群众体育的同时，也对体育场地的建设进行了整体规划和保障，以支撑群众体育的发展。

以全民健身系列文件为例,1995年,政府首次提出体育场地设施建设要纳入城乡建设规划,将国有体育场地设施向全社会开放。此后的政策文件中也多次包含体育建设场地设施的建设与开放的相关内容,此外,还包括大力加强农村基础体育设施建设、实施全民健身设施补短板工程、数字化升级公共体育场馆等诸多与时俱进的政策,以逐步优化体育场地设施供给,为"全民健身计划"的实施提供了重要的保障。

表3.11 "全民健身计划"系列文件中关于体育场地设施建设的指示

文件名称	主要内容
《全民健身计划纲要》(1995年)	将体育场地设施建设纳入城乡建设规划 国有体育场地设施都要向社会开放
《全民健身计划纲要》第二期工程(2001—2010年)规划	加快体育健身场地设施建设和开放 集中一定财力有计划地建设公共体育设施
《全民健身计划(2011—2015年)》	有计划地建设公共体育设施 引导和支持基层公共体育设施建设 大力加强农村基础体育设施建设 保证城乡公共体育设施建设的用地需求
《全民健身计划(2016—2020年)》	统筹建设全民健身场地设施 着力构建全民健身设施网络 着力构建城市社区15分钟健身圈 人均体育场地面积达到1.8平方米
《全民健身计划(2021—2025年)》	加大全民健身场地设施供给 配建一批群众滑冰场 补齐5000个以上乡镇(街道)全民健身场地器材 实施全民健身设施补短板工程 新建或改扩建2000个以上健身场地设施 数字化升级改造1000个以上公共体育场馆

相关数据表明,1995—2020年,我国体育场地数量由61.51万个增至371.34万个,增长了503.72%;体育场地面积由7.8亿平方米增

至30.99亿平方米,增长了297.31%;人均体育场地面积由0.65平方米增至2.20平方米,增长了238.46%。另外,《全民健身计划(2016—2020年)》中提出的"人均体育场地面积达到1.8平方米"目标已经超额完成。

表3.12 1995—2020年部分年份体育场地情况

年份	1995	2003	2013	2018	2019	2020
体育场地数量（万个）	61.51	85.01	169.46	316.20	354.44	371.34
体育场地面积（亿平方米）	7.8	13.3	19.92	25.94	29.17	30.99
人均体育场地面积（平方米）	0.65	1.03	1.46	1.86	2.08	2.20

注:数据来源于国家统计局网站。

政府对于扩大健身人群、体育场地设施建设的扶持为体育消费创造了更大的市场。就体育消费而言,国家也不乏政策支持。2019年,"国办43号文件"颁发,明确提出要促进体育消费、增强发展动力。为贯彻落实该文件,国家体育总局于2020年8月公布了40个国家体育消费试点城市,并在《全民健身计划(2021—2025年)》中进一步要求选取国家体育消费示范城市,让其发挥带头作用,优化供给水平,创新引领发展,进一步开拓国内高端消费市场。

(2)市场需求的拉动作用

体育产业的核心业务隶属于第三产业。根据配第—克拉克定律、库兹涅茨人均收入影响论等经济学理论,居民收入水平对于产业结构变动有着重要的影响。居民收入水平越高,越会在身心健康、生活质量等领域进行消费活动。根据国际经验,当人均GDP超过5000美元时,居民进行体育消费的热情将大大被"点燃"。虽然政府的政策扶持在一定程度上夯实了体育产业发展的基本条件,但是体育产业的繁荣发展需要以体育消费市场的繁荣发展为前提。因此,居民收入水平的提升是体育产业发展繁荣的重要拉动力量。如表 3.13 所示,2014 年至 2019 年期间,我国人均 GDP、人均可支配收入、人均消费支出均呈现不断上升的态势,体育产业总规模亦持续扩大,体育产业发展势头良好。

表 3.13　2014—2019 年体育产业总规模及居民收入水平情况

年份	2014	2015	2016	2017	2018	2019
体育产业总规模(万亿元)	1.36	1.71	1.90	2.20	2.66	2.95
人均 GDP(元)	47173	50237	54139	60014	66006	70892
人均可支配收入(元)	20167	21966	23821	25974	28228	30733
人均消费支出费(元)	14491	15712	17111	18322	19853	21559

注:数据来源于国家统计局网站。

(3) 体育赛事的推动作用

大型体育赛事对体育产业能够发挥重要的推动作用。例如,奥运会作为世界顶级的体育赛事,对于举办城市乃至举办国家的体育、经济、文化意义均非同凡响。根据国家审计署相关数据显示,2008 年北京奥组委收入达到 205 亿元,支出达到 193.43 亿元,收支结余超过 10 亿元。从收入视角来看,由合作伙伴、赞助商、供应商等不同级别的赞助收入以及特许经营收入等高达 98.7 亿元;门票销售率达 95%,实现销售收入 12.8 亿元。可见,北京奥运会体育产业经济效益显著。

从支出视角来看,北京奥运会为达到国际奥委会对于举办城市硬件设施的要求,支出 39.26 亿元;相关设备、通信技术等支出 32.98 亿元;相关服务支出 50.92 亿元。显然,北京奥运会的举办促进了体育产业供给水平的提高。此外,北京奥运会极大地调动了群众对于体育运动的热情,增强了群众对于体育的认知,给体育产业规范化、制度化、国际化发展提供了宝贵的经验和机遇。

2015 年,北京获得 2022 年冬季奥运会的举办权,我国体育产业再一次迎来了重要发展契机。在习近平总书记的"带动三亿人参与冰雪运动"号召下,冰雪运动"南展西扩东进"战略正在大力推进之中,冰雪产业发展势头正盛。表 3.14 显示了 2014—2021 年我国滑雪场数量及滑雪人次(按雪季财年),2020—2021 雪季财年我国滑雪场数量为 715 家,较 2014—2015 雪季财年的 460 家增长了 55.43%;2020—2021 雪季财年我国滑雪人次为 2076 万人次,较 2014—2015 雪季财年的 1195 万人次增长了 73.72%。受新冠疫情影响,2019—2020 雪季财年我国滑雪人次出现了大幅度回落,但随着国内疫情的有序管控,我国滑雪人次在 2020—2021 雪季财年达到了历史新高。总体而言,我国滑雪产业在北京冬奥会这一契机下获得了快速发展,成为体育产业重要的经济增长点。

表 3.14 2014—2021 年我国滑雪场数量及滑雪人次(按雪季财年)

雪季财年	2014—2015	2015—2016	2016—2017	2017—2018	2018—2019	2019—2020	2020—2021
滑雪场数量(家)	460	568	646	703	742	770	715
滑雪人次(万人次)	1195	1445	1690	1915	2060	1045	2076

注:数据来源于《2020 我国滑雪产业白皮书》,"雪季财年"是指每年 5 月 1 日至次年 4 月 30 日。

(4)先"制造"后"服务"

我国实施改革开放战略之后,凭借低价的劳动力和自然优势承接了大量国外制造业订单,体育用品制造业自然而然借着"东风"开始发展起来。1992 年邓小平南方谈话之后,体育用品制造业开始呈现多元化发展趋势,国外资本涌入国内体育用品制造市场,企业所有制形式也变得多样起来。国内体育用品企业除为国外品牌代工之外,也开始创立自主品牌,例如,李宁、安踏、英派斯等。2001 年,我国加入世界贸易组织,国内体育用品制造业迎来了发展的"黄金期",经济全球化带来了巨量生产订单,逐步成为体育用品的"世界工厂"。可见,我国体育产业的发展过程中,体育制造业是先于体育服务业的。如表3.5所示,2014年体育用品制造业增加值占体育产业总增加值比重为63.03%,体育服务业仅占33.59%。同年,"国务院46号文件"指出优化体育产业布局和结构,大力发展体育服务业。2016年,"国办77号文件"颁布。2018年,"国办121号文件"颁布。2019年,体育服务业增加值占体育产业总增加值比重提升至67.70%。整体而言,我国体育产业呈现了先"制造"后"服务"的趋势,且为进一步优化体育产业结构,我国还将大力发展体育服务业中的健身休闲产业和竞赛表演产业,挖掘和释放消费潜力,打造经济增长新动能。

3.1.3 我国体育产业发展问题分析

(1) 政策引导不够细化

虽然国家发展体育产业的决心坚定,但各级政府扶持力度仍有待增强。以2014年"国务院46号文件"为例,该文件颁发之后,全国各地纷纷贯彻文件精神,相继对各自地区体育产业发展进行了统筹与部署。同时,社会资本也纷纷涌入体育产业领域,如莱茵体育、万达体育、阿里体育等。但由于地方政策不够细化、缺少针对性、扶持力度不足、未能充分发挥地方政府的积极性,导致部分企业,特别是中小企业在经营过程中效益不佳。

为改变上述情况,促使扶持政策加速落地,部分地方政府因地制宜,陆续出台针对性政策。例如,河北省相关部门举办体育产业创新创业大赛,为获奖企业和团队提供融资路演、项目推介等多元化服务,择优向国家级、省级投资基金等投资机构和金融保险、孵化器等推荐。重庆市体育局通过主办"2021重庆体育产业政策大讲堂",为本市体育产业发展与体育服务能力的对接搭建了桥梁,促进了体育产业实践。江苏省则是选择在2021年公布了74家体育产业政企沟通联系点名单,并发布江苏省体育产业发展专项资金直报平台政策、江苏省体育系统2021年度政府采购清单以及建设银行江苏体育企业金融服务政策。为深入贯彻落实国家战略要求,发展体育产业,各级政府应结合实际,深刻剖析地方的资源优势,统筹规划体育产业发展,将地方优势与体育产业发展相结合,促使其成为地方经济发展的重要竞争力和增长点。

(2)体育核心产业发展不均衡

一般而言,体育产业的核心应为体育服务业。体育服务业内部包含9个细分行业。表3.15显示了2019年我国体育服务业内部各细分行业增加值情况。可以发现,体育用品及相关产品销售、出租与贸易代理增加值占比最大,达到了33.64%,其次是体育教育与培训,占比达到20.02%,再次是体育场地和设施管理,占比达到13.29%。体育健身休闲活动占比为10.92%,其余5个行业增加值所占比重均未超过10%。体育经纪与代理、广告与会展、表演与设计服务占比最低,仅为1.55%。可见,体育服务业内部发展并不均衡。根据发达国家经验,体育竞赛表演活动,体育经济与代理、广告与会展、表演与设计服务以及体育传媒与信息服务三个行业是体育产业"核心中的核心",是体育产业发展重要的调节变量,这三个行业发展不足,将难以刺激体育产业产值持续增加。此外,体育健身休闲活动增加值比重也较低,对体育产业发展贡献度不足,也不利于同体育制造业产生良性互动以促进体育产业整体发展。

表 3.15　2019 年体育服务业增加值

行业门类	增加值(亿元)	占体育服务业增加值比重(%)
体育管理活动	451.9	5.93
体育竞赛表演活动	122.3	1.61
体育健身休闲活动	831.9	10.92
体育场地和设施管理	1012.2	13.29
体育经济与代理、广告与会展、表演与设计服务	117.8	1.55
体育教育与培训	1524.9	20.02
体育传媒与信息服务	285.1	3.74
体育用品及相关产品销售、出租与贸易代理	2562.0	33.64
其他体育服务	707.0	9.28

注：数据来源于国家体育总局网站。

(3) 产品和服务供给质量需要提高

"十四五"时期，体育产业要立足新发展阶段，贯彻新发展理念，以深化供给侧结构性改革为主线，以满足人民日益增长的美好生活需要为根本目的进行改革创新。

我国虽然是体育用品制造业的"世界工厂"，但是多年来承接的是代工、贴牌的业务类型，产业附加值不高。我国体育产业发展存在缺乏知名度高、国际竞争力强的自主品牌，供给质量较低，在国内和国际的市场占有率不高等问题。当前，我国体育服务业仍处于起步阶段，体育赛事表演活动、健身休闲活动、中介活动规模较小，不足以与国内现有需求产生共振，也不利于体育消费的提质扩容。

为此，我国体育产业需要升级供给体系，以提高对消费需求的适配性，畅通国民经济循环。体育制造业要坚持创新驱动发展，不断研发新技术、开发新产品，加快由劳动密集型向技术密集型转变。打造高端体育制造业，并促进与现代体育服务业的融合。体育服务业要在运动项目、赛事活动发展上发力,加快线上线下融合,创新体育消费新场景,开发更多满足人民生活美好需要的新产品和服务。

3.2 典型发达国家体育产业发展概述

3.2.1 美国体育产业发展概述

美国体育产业发展历史悠久,目前已经是世界上体育产业最发达的国家。就美国体育产业发展历程来看,主要可分为四个时期。

一是发展初期(1814—1900年)。在此阶段,美国国内经济环境稳定,开启了工业化、城市化进程。民众逐步从繁重的劳动中解放,有了闲暇时间参与体育运动。伴随着大量移民的涌入,多样化的体育运动在美国发展起来。1828年,美国以出售赛马门票为开端开始了体育商业化模式。此后,各类型赛事逐渐涌现,多个体育运动项目(如棒球、网球)先后成立了俱乐部或者协会,为体育职业化发展奠定了良好基础。

二是发展加速期(1900—1980年)。随着美国工业化、城市化进程的逐步加深,民众对于体育运动以及体育赛事表演的价值有了更高水平的认知。美国"四大职业体育联盟"在此时期成立,体育赞助、营销、赛事转播等业务也随之发展起来。

三是发展稳定期(1980—2000年)。1984年,美国借举办洛杉矶奥运会的契机,成功探索了一套奥运会商业化运作模式,助推了体育产业化发展。同时,各联盟赛事稳定发展,逐步凸显商业价值。美国也在这一时期采用了系列助推体育产业发展的政策手段,逐步确立了体育产业在美国经济中的支柱地位。

四是发展成熟期(2000年至今)。此阶段,美国四大职业体育赛事在全球具有重要的地位,商业价值不断扩张。美国户外运动产业发展强劲。体育产业逐渐构建形成了大产业格局,内部各细分行业都获得了一定水平的发展,美国体育产业逐步成为世界体育产业的"领头羊"。

根据 Plunkett Research 数据,2014 年,美国体育产业的市值约为 4851 亿美元,约占全球体育产业 1.5 万亿美元的 1/3,美国是名副其实的世界体育产业的霸主(张建辉等,2017)。如表 3.16 所示,从体育产业规模看,1986 年,美国体育产业总产值为 472 亿美元,占 GDP 比重为 1.0%。2015 年,美国体育产业总产值达 4984 亿美元,较 1986 年增长了 955.93%,占 GDP 比重 3.3%,较 1986 年增长了 230%。

表 3.16 美国体育产业规模情况

年份	1986	1988	1995	1999	2005	2010	2012	2015
总产值（亿美元）	472	631	1520	2125	1893	4410	4350	4984
占 GDP 比重（%）	1.0	1.3	2.0	2.4	1.52	3.0	2.7	3.3

注:数据来源:高庆勇、彭国强、程喜杰(2019)。

如表 3.17 所示,从体育产业结构来看,2015 年美国体育产业细分行业中占比最大的是户外运动行业(42.2%),其次是健身行业(27.7%),再次是体育用品行业(12.6%)。职业体育、经纪、竞赛表演三个行业占比差异不大,依次为 6.30%、5.30%、5.90%。

表 3.17 2015 年美国体育产业细分行业增加值占比情况

行业	户外运动	健身	体育用品	职业体育	经纪	竞赛表演
占比(%)	42.2	27.7	12.6	6.30	5.30	5.90

注:数据来源于 Plunkett Research。

综上,美国体育产业的发展模式主要表现为以下几个特点。第一,市场主导以及政府有限规制。正如前文所述,美国体育产业发展是工业化、城市化推进下的产物。初期,美国政府对于体育产业的发展是放任的,俱乐部、联盟、媒体等社会组织可以充分参与到体育市场中,这促进了体育产业商业化的发展。当体育产业发展到一定时期,美国政府对其的态度变为引导与保护,出台了系列政策保障体育产业市场的健康发展,例如,1890年的《谢尔曼法案》从法律上保护了职业体育,1961年的《体育转播法》维护了美国职业体育联盟赛事转播权出售市场的健康,1990年开始陆续颁布的"健康公民"系列政策引导了群众体育发展,等等。在政府政策的辅助下,体育市场有了足够发挥的空间与保障,体育产业化发展得到了有效促进。第二,健身休闲产业贡献度高。从表3.17中的数据可以看出,2015年美国体育产业中户外运动行业和健身行业增加值占比之和达到69.9%,贡献度极高。这一数据的背后代表了庞大的体育消费人口。健身休闲产业的蓬勃发展,亦带动了体育产业中其他行业门类的进步,共同繁荣了美国体育产业。第三,职业体育带动作用强劲。美国职业体育发展呈现了多样化和国际化特征。美国自己便拥有四项世界顶级职业联赛,分别是美国职业棒球大联盟(MLB)、国家篮球协会(NBA)、国家冰球联盟(NHL)以及国家橄榄球联盟(NFL)。数据显示,2014年,MLB总收入为79亿美元,NFL总收入为96亿美元,NBA总收入为48亿美元,NHL总收入为37亿美元(张建辉等,2017)。此外,数据显示,美国已进行产业化发展的体育项目数量约为20个,热门项目的职业运动队数量约为800个(任波、黄海燕,2020)。相关赛事的举办带动了赛事转播、广告、彩票等相关产业的协同发展,形成相对完善的产业链并产生了巨大的国际影响力和经济效益,持续带动美国体育产业发展。第四,创新驱动美国体育产业发展。美国是世界领先的创新型国家,早在20世纪初美国便进入了创新驱动经济发展的阶段,而美国体育产业的发展加速期和美国进入创新驱动阶段的时期基本重叠。受创新发展模式的影响,美国体育产业也有很强的创新型特征。

3.2.2 日韩体育产业发展概述

(1) 日本体育产业发展概述

日本体育产业发展是本土体育和西方发展经验结合的产物。对于日本体育产业概念的界定,比较通用的方式是将其分为"参与性体育"和"观赏性体育"两种。日本体育产业发展也有着较为悠久的历史,大致可分为以下三个时期:

一是萌芽时期(1880—1960年)。从"观赏性体育"视角来看,早在1751年,日本相扑职业表演就已经诞生,成为了日本首项职业体育运动。而从"参与性体育"视角来看,这一时期网球、棒球、足球等运动项目由西方涌入日本并日渐流行起来。1936年,日本成立了职业棒球组织和联赛;1953年,日本进入电视时代,促进了"观赏性体育"发展。此外,随着体育运动项目普及和参与体育人数增加,大大刺激了体育用品的需求市场,于是美津浓等体育用品制造企业相继成立。

二是快速成长时期(1960—1992年)。这一时期日本举办了两场世界顶级体育赛事,分别是1964年东京夏季奥运会和1972年札幌冬季奥运会。奥运会赛事在产生经济效应之外,也夯实了日本体育场地设施,提高了各项体育运动项目的普及度,提振了人民参与体育运动的热情,带动了体育传媒产业的进步。自然而然地,日本体育产业规模逐年上升,并在1992年达到了巅峰,不论是"参与性体育"还是"观赏性体育"都得到了快速发展。

三是探索与发展时期(1992年—至今)。受到泡沫经济影响,日本体育产业在1992年达到巅峰之后便开始萎缩。一些高级的运动如高尔夫、滑雪的消费群体数量下降明显。但由于居民对健康的需求,一些普通的体育用品和服装消费规模相对稳定。其间,日本出台了针对性政策振兴体育产业。2000年,日本政府出台《体育振兴基本计划》,提出了建立综合型区域体育俱乐部与泛区域体育中心,旨在推动日本

"参与性体育"的发展。日本体育健身俱乐部数量在该时期大幅度增加。此外,在1993年和2005年,日本先后成立了职业足球联盟和职业篮球联盟。1998年,日本举办了长野冬奥会。2002年,FIFA韩日世界杯举办。职业体育联盟的壮大和大型体育赛事的举办促进了"观赏性体育"的发展。值得一提的是,日本于2012年成立了日本体育旅游联盟(JSTA),大力发展体育旅游,促进"参与性体育"和"观赏性体育"协同发展,且前景广阔。

在研究体育产业发展时,必然要面对量化体育产业规模这一难题,不同国家或者不同研究者对体育产业规模的测算标准有所不同。本书将综合现有资料,采用日本生产力中心发布的休闲白皮书中体育市场规模数据和日本早稻田大学体育商务研究所统计的体育生产总值数据(即GDSP)来分析日本体育产业规模。表3.18中所显示的数据是日本生产力中心发布的体育市场规模数据,此数据将体育市场分为六大板块进行统计。该数据的优点是具有时间上的相对连续性,缺点是统计领域不全面,像体育旅游、体育赛事转播、体育彩票等领域未包含在统计内。通过该数据,可以看出1982年日本体育市场规模为29560亿日元,1992年体育市场规模达到巅峰60530亿日元,之后开始回落,到2012年日本体育市场规模为39150亿日元。通过分领域数据也不难发现,体育设施和俱乐部收入是日本体育产业主要的组成部分。尽管1992年之后,日本体育产业市场出现动荡,但普通体育用品、运动服装和观赏性体育门票三个领域的收入还是较为稳定。就日本体育产业结构的数据而言,日本早稻田大学体育商务研究所统计的体育生产总值数据更为全面。该数据显示,2012年日本体育产业总产值为1033.96亿美元,按产值贡献度高低将各细分行业排名如下:国民体育竞猜38%,体育场馆18.5%,体育用品零售14.6%,体育教育培训13.7%,体育旅游6.5%,体育赛事转播3.7%,体育赛事2.5%,体育图书与体育类杂志1.1%,体育保险与体育彩票0.9%,电子竞技与体育影视 0.3%，体育用品租赁 0.2%。

表 3.18 日本体育市场规模情况

年份	1982	1987	1992	1997	2002	2007	2012
总规模(亿日元)	29560	37470	60530	55760	45990	42470	39150
球类体育用品（亿日元）	5940	6030	9240	8000	6620	6500	5450
户外体育用品和装备（亿日元）	5050	5060	10020	9910	7190	6550	6140
其他体育用品（亿日元）	1460	1970	3280	3230	3520	3480	4120
运动服装(亿日元)	2650	2660	3700	4010	3570	3920	4200
体育设施与俱乐部（亿日元）	13770	20780	32960	29350	23810	20630	17880
观赏性体育门票收入（亿日元）	690	970	1330	1260	1280	1390	1360

注：数据来源：张建辉、黄海燕、约翰·诺瑞德(2017)。

综上所述，日本体育产业发展模式具有以下几个特点。第一，较好地引进并吸收了西方体育产业发展经验。日本一方面引进了西方体育运动，将这些运动与本土资源相结合，推动了众多体育项目的普及；另一方面也学习了西方体育产业的发展模式，加速了体育商业化运作。第二，需求与供给的较好匹配保障了参与性体育发展。为满足日本居民通过参加体育运动增进健康和体力的需求，日本体育场地及设施供给呈现了多元化和便利化特征，使用率长期处于较高的水平（郑和明、尚志强、薛林峰，2020）。第三，世界顶级赛事对日本体育产业发挥了重要推动作用。截至目前，日本共举办过两届夏季奥运会和两届冬季奥运会（1940年未举办），举办次数居世界前列。此外，2002年日本还参与举办了韩日世界杯，极大促进了日本体育产业的发展。

(2) 韩国体育产业发展概述

韩国体育产业发展历程可以大致分为以下几个阶段：

一是发展初期(1980—1992年)。这一时期韩国政府对于体育发展的定位仍是竞技体育，以为国家赢得荣誉为目标，但也陆续出现了体育产业化发展的趋势。如韩国大众传媒的发展搭建了群众观看体育比赛的渠道，且职业棒球联盟、职业足球联盟、职业篮球联盟纷纷成立，为韩国体育产业发展注入了活力。此外，1988年，韩国举办了汉城奥运会，大量体育资源的投入为日后韩国体育发展奠定了基础。

二是快速发展期(1992—2000年)。这一时期韩国政府开始顺应居民对于体育的需求，成立了专门的大众体育部门大力支持群众体育发展。各职业运动联盟的队伍不断壮大，赛事活动不断增多。韩国的参与性体育和观赏性体育发展在这一时期都得到了促进。

三是发展与转型期(2000年至今)。进入21世纪，韩国职业体育赛事市场不断扩大，形成了棒球、篮球、足球和排球四个职业联盟平分市场的局面。同时，在政府政策的引导下，韩国公共体育俱乐部数量和会员人数均在稳步增长。此外，由于近年来韩国经济大环境发生变化，出现了人口老龄化、经济停滞等不利局面，韩国体育产业发展也面临着转型问题。

对于韩国体育产业规模的概念界定和统计，本书采用体育市场价值网络的概念进行分析。具体而言，将体育市场分为初级市场和衍生市场两部分，初级市场是指由参与或者观看体育赛事活动的大众所形成的市场，将进一步分参与性市场和观赏性市场；衍生市场指的是体育用品、赞助、彩票等业务组成的市场。2012年韩国体育市场规模情况如表3.19所示，总规模为336.24亿美元，其中初级市场占比46.83%，衍生市场占比53.17%。初级市场中，参与性体育贡献度十分高，占比达到了99.37%。

表 3.19　2012 年韩国体育市场规模情况

初级市场 （百万美元）		初级市场总计 （百万美元）	衍生市场总计 （百万美元）	体育市场总计 （百万美元）
参与性	15644.96	15744.67	17879.7	33624.37
观赏性	99.71			

注：数据来源：张建辉、黄海燕、约翰·诺瑞德（2017）。

综上所述，韩国体育发展模式的主要特征可以总结为以下两点：第一，政府和社会组织共同发挥作用。韩国社会组织发达，为韩国体育产业发展注入了活力，发挥了不可替代的作用。同时，政府也不乏对体育产业发展的引导和支持，政府为促进体育产业发展，在其内部设置了文化体育观光部、国民体育振兴公团等组织结构，积极引导政策落地。由于韩国国土面积较小，有利于产业政策的执行，这些政策的实施效果显著。第二，世界顶级赛事发挥了推动作用。韩国是世界上第六个举办过夏季奥运会、冬季奥运会、足球世界杯三大顶级赛事的国家，赛事的举办为韩国体育产业发展带来了巨大的发展机遇与优势。

3.2.3　欧洲典型国家体育产业发展概述

（1）英国体育产业发展概述

英国被视为现代体育和体育产业的发源地。普遍观点认为，1750年，英国贵族在纽约马克特市成立的赛马俱乐部是现代休闲娱乐业的最早雏形。英国体育产业发展可以大致划分为以下三个阶段：

一是发展初期（1750—1960 年）。随着英国工业化的推进和资本主义经济的发展，人们的闲暇时间增多、收入水平提高，这为其进行体育消费提供了基础和条件。基于英国特有的文化习俗，英国人钟爱户外运动，除了上文提到的赛马俱乐部，1855 年成立的谢菲尔德足球俱乐部也对之后英国体育产业的发展产生了深远的影响。谢菲尔德足球俱乐部是英国最早的球会,同时也是世界上第一家足球俱乐部。随着时间的推移,职业足球成为了英国职业体育的代表。到19世纪末期,英国职业体育的影响力和价值已然不容小觑。体育俱乐部的商业化运作和体育公司的出现,使得体育竞赛表演业迎来了良好的发展环境。但这一时期,英国体育产业整体的发展速度是比较缓慢的,对国民经济的贡献也尚未明确。

二是发展快速期(1960—2000年)。20世纪60年代开始,在战后经济恢复和第三次科技革命的时代背景下,英国体育产业发展进入快速发展时期。以足球运动为代表的职业体育商业化和产业化运作不断完善,具体表现为职业运动员的薪金水平大幅度上涨、具有影响力的赛事逐渐增多、俱乐部开始接受企业赞助等。职业体育主导了英国体育产业的发展,将英国体育产业发展水平推动至世界前列。

三是发展成熟期(2000年至今)。进入21世纪,在经济全球化的契机之下,英国体育产业的世界影响力和商业价值不断增加。目前,体育产业已经成为英国国民经济的重要支柱产业(任波,2020)。除足球项目之外,网球、高尔夫、赛车、赛马等职业体育项目等也具有了大影响力和强关注度。英国职业体育的发达有效带动了体育中介等其他体育行业的发展。此外,进入新世纪后,随着经济水平的进一步提高,人们参与休闲体育运动倾向性也愈发强烈。加之英国人钟爱休闲运动,参与休闲运动已经成为英国人的生活方式,因此英国休闲体育也有着较高的发展水平。此外,休闲体育的发展,一方面保障了体育消费的人口基数,另一方面也为体育用品制造业提供了更大的发展空间。

2009—2016年,英国体育产业规模情况如表3.20所示。2009年,英国体育产业增加值为2562.6亿元,到2016年该指标数值为3245.1亿元,增长了26.6%。在此期间,英国体育产业增加值增速呈现出"波动"形式,增速最大的年份是2010年(14.5%),增速最小的年份是2013年(−14.1%)，年平均增速为3.4%。2009年，英国体育产业增加值占GDP比重为2.2%，到2016年英国体育产业增加值占GDP比重为2.1%，与2009年相比略有下降。通过比较分析可见，统计区间内英国体育产业增加值占GDP比重变化并不大，比重最高的年份是2011年和2012年的2.6%，这与英国体育产业发展已经趋向于成熟有一定的关系。

表3.20 英国体育产业规模情况

年份	2009	2010	2011	2012	2013	2014	2015	2016
增加值（亿元）	2562.6	2935	3240.9	3383.5	2905.8	2984.1	3045	3245.1
增速（%）	0.4	14.5	10.4	4.4	−14.1	2.7	2.0	6.6
占GDP比重（%）	2.2	2.4	2.6	2.6	2.1	2.1	2.1	2.1

注：数据来源：段绪来、付群（2020）。

综上，英国体育产业发展模式主要具有以下四个特点：第一，以体育竞赛表演业为主导产业。纵观英国体育产业发展历程，职业体育的发展一直是英国体育产业中一条靓丽的"风景线"。发达的职业体育支撑了英国体育竞赛表演业的发展。根据2016年《福布斯》全球足球俱乐部价值榜显示，英国拥有6家排名在世界前10的足球俱乐部，并且英格兰足球超级联赛商业化程度高居欧洲五大联赛之首。除足球项目外，英国还拥有高尔夫公开赛、温布尔顿网球公开赛、F1锦标赛等在世界上具有很高声望的顶级赛事。这些顶级赛事为英国体育产业带来了巨额收入，并带动体育赛事转播、体育中介等行业门类的发展。第二，注重休闲体育发展。英国不仅重视职业体育的发展，而且实行了"精英＋大众"体育共同发展的路线。英国具有悠久的休闲运动传统，可以说休闲运动已经融入英国人的日常生活。在休闲运动的理念深入人心的基础上，政府对休闲体育加以政策扶持，提升了供给水平，使英国休闲体育产业快速繁荣了起来。休闲体育的繁荣保障了大众参与群体数量,进一步稳固了体育消费市场,推动了体育产业的健康发展。第三,充分发挥社会组织作用,政府负责提供服务。英国的体育社会组织十分发达,包括职业俱乐部、社区体育俱乐部、青少年体育俱乐部等多种形式,这些俱乐部是居民参与体育活动的有效途径,为英国体育产业发展注入源源不断的活力。同时,自20世纪60年代,英国政策倾向于服务型政府模式,英国政府通过社会组织管理俱乐部,并为其提供资金支持。同时实行税收减免政策,保障了体育俱乐部的运作和发展。第四,注重提升产业发展质量。英国十分重视体育产业创新水平的提高,在2002年至2011年间,英国平均每年拥有大概50项体育专利(宣杰,2017)。英国体育产业呈现出了品牌高端化、赛事高端化、运动项目高端化的形势。此外,英国也致力于不断提升体育产业的集约化水平,打造了牛津"赛车山谷"、温布尔顿网球运动、伦敦足球运动等多个世界知名集聚区,推动了英国体育产业高质量发展(姜同仁、张林,2016)。

(2) 德国体育产业发展概述

德国体育产业发展历程可以大致分为三个阶段。

一是发展初期(1816—1950年)。1816年,德国成立第一个体育俱乐部,开启了竞技体育人才培养的新模式(姜同仁、刘娜,2015)。1882年,德国体育政策开始鼓励大众参与户外活动,并强调增加学生的体育活动时间。1900年,德国足球协会成立。1910年,德国体育用品产业协会成立。自1914年,德国政府便开始支持竞技体育开展及其组织运行。此外,德国政府还通过颁布1913年的"德国体育奖章制度"和1920年的"黄金计划",积极发展大众体育、建设体育运动设施、促进全民健身,并为后续体育产业的发展奠定了基础。1950年,代表着全国所有体育联盟的德国体育协会成立。

二是发展快速期(1950—1990年)。二战结束后,随着世界经济的复苏,德国体育产业发展也慢慢步入正轨,迎来了快速发展时期。1952年,德国举办了体育贸易博览会。1958年,德国冰球联盟成立。1959年,德国奥林匹克法理协会开启"金牌计划",提出体育设施的数目要满足居民要求。该计划再一次夯实了德国群众体育的基础,并在一定程度上拉动了体育产业的发展。此后,1962年至1966年,德国足球甲级联赛、手球联赛和篮球联赛也相继成立。

三是发展成熟期(1990年至今)。1990年,德国实现东德、西德统一后,在体育领域便实施了以俱乐部体制为基础、以大众体育为核心、竞技体育良性发展的政策(刘波,2014)。此后,德国的体育发展方式逐渐清晰,体育市场日渐成熟。特别是俱乐部体制在2006年德国奥林匹克体育联合会(DOSB)成立后更加完善。当前,德国足球甲级联赛现已成为享誉世界的欧洲五大联赛之一,每次举办都会带来巨额赞助费用。大众体育在国家政策引导下也获得了充分发展,参与休闲体育运动成为德国人重要的生活方式。此外,在此阶段诸如阿迪达斯、彪马等多个世界顶级运动品牌相继问世,体育产业发展更具规模化的同时,也借此提高了德国体育产业的附加值。

由于各国对体育产业的范围尚未进行统一,德国体育产业规模也较难准确衡量。从现有资料来看,德国体育产业产值占GDP的比重逐年攀升。1994年,德国体育产业产值占GDP的比重达到1.25%;2008年,德国体育产业产值占GDP的比重已经升至1.99%(姜同仁、刘娜,2015);2011年,德国体育产业产值占GDP的比重再创新高,达到2.31%(姜同仁、张林,2016)。体育产业已经成为德国国民经济的支柱产业。从德国体育产业分领域视角看,在职业体育方面,2013年至2014年赛季德国足球联盟总收入达2.5亿欧元,德国手球联盟总收入达8890万欧元,德国冰球联盟总收入达10610万欧元,德国篮球联盟总收入达9080万欧元。在大众体育方面,2014年德国健身中心营业额为470万欧元,会员人数为908万人。在体育用品制造业方面,2014

年德国体育用品制造业收入达 1140 万欧元。在体育博彩方面,2014 年德国博彩收入达 450 万欧元(张建辉、黄海燕、约翰·诺瑞德,2017)。

综上,德国体育产业发展模式主要具备以下几个特点:第一,以大众体育为核心。1990 年之后,德国便开始积极支持大众体育的发展,大众体育的蓬勃发展无疑给德国体育产业的繁荣提供了保障。第二,俱乐部体制完善。截止到 2012 年,德国拥有 91148 个体育俱乐部(刘东锋,2019)。体育俱乐部是德国体育非营利性组织的重要组成部分,政府会给予体育俱乐部一定的资金支持,而体育俱乐部亦需要为社会体育提供服务与支持。在这种完善的模式下,德国的竞技体育、大众体育和学校体育都获得了充分发展。第三,注重提升产业发展质量。在国际上,德国属于"头部"创新型国家,国内创新体系十分健全,体育产业在创新要素的驱动下不断焕发出活力。另外,德国也十分重视打造体育产业集聚区,例如,慕尼黑奥林匹克公园集聚区、杜伊斯堡攀岩运动集聚区等。产业的集约化发展,为产业不断注入发展动力,提升产业竞争优势。此外,德国重视体育产业品牌化打造,例如,体育用品中的阿迪达斯、体育赛事中的德国足球甲级联赛均已在世界上具有极高的知名度和品牌效应,品牌化发展大大提高了德国体育产业的附加值。

3.3 我国与发达国家体育产业发展状况对比分析

3.3.1 体育产业发展差距对比分析

发达国家的体育产业大多于 20 世纪中后期开始快速发展,而我国体育产业在进入 21 世纪之后才开始起步。体育产业产值占 GDP 比重是衡量一国体育产业发展水平的重要指标。从现有数据看,2015 年美国体育产业产值占 GDP 比重为 3.3%。韩国该项数据为 3%，日本该项数据大于 2%（张亮、王文成、魏惠琳，2018）。2015 年，英国体育产业产值占 GDP 比重为 2.6%。2011 年，德国体育产业产值占 GDP 比重为 2.31%。虽然由于统计口径的不同，该指标数值在不同统计资料上有所差距，但是可以得到的结论是，近 10 年各发达国家体育产业产值占 GDP 比重均达到了 2%以上的水平。2015 年，我国体育产业产值占 GDP 比重为仅为 0.80%，2019 年，该比重达到了历史最高的 1.14%，差距可见一斑。

就体育产业结构而言，我国体育产业发展的合理程度与发达国家相比也存在一定差距。发达国家体育产业结构普遍比较健康，例如，美国的健身休闲体育运动产值占 GDP 比重在 70%左右，体育用品业占比在 12%左右，职业体育、体育经纪、体育竞赛表演占比均在 5%~6%左右，这种比例使得美国体育产业各行业之间形成良好的共振，促进了产业的整体繁荣，而我国体育产业的结构存在不合理的问题。以 2019 年我国体育产业发展状况为例，体育用品及相关产品制造业增加值占体育产业总增加值的 30.4%，体育用品及相关产品销售、出租与贸易代理增加值占体育产业总增加值的 22.8%，这两个行业门类的总占比已经超过 50%。而体育健身休闲活动业增加值占比只有 7.4%，体育竞赛表演活动业增加值占比仅为 1.1%，体育经济与代理、广告与会展、表演与设计服务业增加值占比仅为 1.0%。

从体育产业发展质量看，美国拥有世界知名体育用品品牌耐克、世界一流的"四大职业体育联盟"，英国拥有英格兰足球超级联赛、高尔夫公开赛、温布尔顿网球公开赛、F1 锦标赛等享誉世界的顶级赛事，德国拥有世界知名体育用品品牌阿迪达斯、世界声望极高的德国足球甲级联赛。而我国在体育产业发展品牌化方面还相对落后，不仅缺乏世界一流品牌，影响力和商业价值与发达国家相比也存在一定差距。

3.3.2 体育产业发展模式对比分析

概而言之,发达国家体育产业发展模式有两个比较突出的共同点。第一,市场主导、政府参与的产业发展模式。发达国家体育发展的环境比较宽松,政府不会过多管理、干涉体育产业发展。政府的角色偏向于服务型,为体育产业发展提供一定的政策支持和经营环境保障。因此,发达国家的体育产业往往具有发达的社会组织,比如俱乐部、职业联盟、行业协会等,这些社会组织深度参与体育产业的运行与管理,使得发达国家体育产业的市场活力保持在较高水平。第二,体育服务业占主导。纵观历史进程,可发现发达国家体育服务业一直是处于主导地位的,并且其中的体育健身休闲业、体育竞赛表演业更为发达。就上述两方面而言,我国体育产业的表现与发达国家恰恰相反。我国体育产业发展伴随着我国经济体制由计划经济向社会主义市场经济转轨的过程,体现出了政府主导的发展特征。政府的政策规划了我国体育发展的方向,财政资金的投入推动了体育产业的发展,而且体育制造业的发展要先于服务业。2014年,我国体育服务业仅占总体育产业的33.59%,大大小于体育制造业比例。到2016年,体育服务业增加值占比才反超体育制造业,达到了54.99%。当然,我国体育发展模式与发达国家相比也并非截然不同,在赛事推动、需求拉动等方面,我国体育产业发展模式与发达国家仍存在较多相似之处。

3.3.3 发达国家体育产业发展经验启示

首先,扩大体育消费群体。从国际比较看,发达国家体育产业起步早、水平高,特别是民众的积极参与"自下而上"推动了体育产业的繁荣,而我国目前体育产业发展仍相对滞后。特别是作为体育产业重点的体育健身休闲业和体育竞赛表演业在发达国家均已达到较高水平,但其在我国仍处于发展初期阶段。按照我国的体育强国战略、体育产业及消费发展战略部署,体育产业正逐渐向国民经济支柱性产业迈进。在此过程中,应以扩大体育消费群体,培育体育消费市场为重要目标,坚持以人民为中心,积极落实全民健身国家战略。提高体育公共服务供给水平,推广适合群众参与的健身休闲运动项目,积极发展户外运动和特色运动,充分利用互联网、大数据等技术提升健身休闲服务水平。加快发展体育竞赛表演业,在职业赛事和群众喜爱的业余赛事上发力,提升赛事影响力和观赛服务水平。

其次,坚持创新驱动发展,提升产业发展质量。发达国家体育产业在发展的过程中十分重视创新,也因此拥有了知名品牌,为体育产业的发展带去了源源不绝的动力。我国正奋力提升经济的发展质量,体育产业也应以提升发展质量为目标不断推动改革创新,转变发展方式,打造现代产业体系,提升国际竞争力与影响力。同时,还要大力完善产业制度体系,提升产业治理水平,推动体育产业发展取得长足进步。体育产业在发达国家所获得的良好发展,要归功于政府和社会组织起到的双重作用。目前,我国体育产业治理结构中的社会组织并不发达,政府也存在职能定位不清晰问题。

本 章 小 结

本章梳理了我国体育产业发展状况,分析了代表性发达国家体育产业发展的经验模式。整体来说,我国体育产业的发展模式集中体现为:政府主导、市场引导和大型体育赛事推动等方面有机结合,呈现出先"制造"后"服务"阶段性发展特征。虽然我国体育产业的规模不断扩大,结构持续优化,但是,仍然存在一系列的问题亟待解决,这些问题主要有政策引导不够细化、政府职能定位不清晰、体育产业治理结构中的社会组织发展滞后、体育核心产业发展不均衡、产品和服务供给质量有待提高等。而典型发达国家体育产业发展呈现出体育服务业占主导，普遍采取市场主导、政府参与的产业发展模式，政府的角色偏向于服务型。此外，活跃的社会组织也为促进体育产业发展贡献了重要力量。目前，我国体育产业发展水平与发达国家仍存在不小差距。

第4章 我国体育产业高质量发展内生动力与外生调节机制实证分析

本章在前文理论分析的基础上对体育产业高质量发展的内生动力机制与外生调节机制进行实证检验,以期为我国体育产业和体育经济的高质量发展提供经验参考。为在研究过程中考虑空间相关性和空间异质性,本章将采用现代空间计量模型,选取我国省级面板数据作为样本数据,以更加准确地验证我国体育产业高质量发展的内生动力机制和外生调节机制。

4.1 空间计量经济学概述

通常来讲,根据新经济地理学理论,一个地区的体育产业的发展不仅受本地区体育类生产要素投入及其他因素的影响,同时也会受邻近地区相关变量的影响。因此,本章采用空间计量模型进行实证分析,以期更加科学、合理地检验体育产业发展的内生机制。

4.1.1 空间计量经济学基本理论

不同于传统经济学的经典假设,空间样本数据固有的属性打破了其中两个经典假设:第一,空间样本数据的空间依赖性往往不服从"样本相互独立"的基本假设;第二,空间样本数据的空间异质性往往不服从"所有样本来自同一总体"的基本假设。因此,空间样本数据的上述两个属性,极有可能使得计量回归模型的设定与估计不能满足传统计量模型的解释变量与随机扰动项的正交性的经典假设。此时实证参数估计结果也就不再满足无偏性和有效性。例如,考虑如下简单的传统计量模型:

$$sport\_output_i = \alpha + \beta sport\_invest_i + control_i + \mu_i \quad (4.1)$$

公式 4.1 中的 $sport\_output_i$ 为 i 地区的体育产业产出,受 i 地区体育产业固定资产投资($sport\_invest_i$)以及其他相关变量($control_i$)的影响。根据一般经验规律,体育类资本、劳动、技术等要素在市场机制或者政府调控的影响下,极有可能在地区之间始终处于动态配置过程中。一般而言,i 地区的体育产业固定资产投资除了受本地区体育产业发展状况的影响之外,还会受到邻近 j 地区体育产业发展状况($sport_j$)的影响。同理,邻近 j 地区体育产业的发展($sport_j$)也会影响 i 地区体育产业投资的规模与水平($sport\_invest_i$)。然而,(4.1)式无法对这种影响进行参数化表达,导致模型 4.1 存在内生性问题,由此估计的参数结果也极有可能不再具有无偏性、有效性。

4.1.2　空间计量模型应用检验

通常来讲,在利用空间计量模型进行实证分析之前,有必要对各地区体育产业发展的相关空间样本数据进行空间相关性检验。常用的检验方法为莫兰指数检验,该检验方法又分为全局莫兰指数检验和局部莫兰指数检验。

全局莫兰指数,即从空间整体全局视角来分析空间序列的空间集聚态势,一般用 $Global\ Moran'\ I$ 表示。以各地区体育产业产出为例,全局莫兰指数反映的是变量(本地区体育产业产出)和其空间滞后项(其他地区体育产业产出)的相关关系,取值介于 -1 到 1 之间。与皮尔逊相关系数的内涵一致,$I > 0$ 时,表示体育产业产值的空间分布呈正空间自相关特征,即在空间分布上呈集聚态势;$I < 0$ 时,表示体育产

业产值的空间分布呈负空间自相关特征,即在空间分布上呈发散态势;$I=0$ 时,表示各地区体育产业产值不具备空间自相关特征,即服从随机游走过程。全局莫兰指数的计算公式如下:

$$Global\_Moran'I = \frac{\sum_{i=1}^{n}\sum_{j=1}^{n}w_{ij}(x_i-\bar{x})(x_j-\bar{x})}{S^2\sum_{i=1}^{n}w_{ij}} \quad (4.2)$$

上式中的 S^2 为样本方差,W_{ij} 为空间权重矩阵元素,通常用来反映 i 地区和 j 地区之间的"距离"。$\sum_{i=1}^{n}\sum_{j=1}^{n}w_{ij}$ 表示所有空间权重矩阵元素之和。在实证研究的过程中,我们一般对空间权重矩阵进行标准化处理,即 $\sum_{i=1}^{n}\sum_{j=1}^{n}w_{ij}=n$。由此,(4.2)式的莫兰指数 I 变为:

$$I = \frac{\sum_{i=1}^{n}\sum_{j=1}^{n}w_{ij}(x_i-\bar{x})(x_j-\bar{x})}{\sum_{i=1}^{n}(x_i-\bar{x})^2} \quad (4.3)$$

另外,可以进一步利用局部莫兰指数进行空间相关性检验,分析空间序列的局部聚集情况。局部莫兰指数的计算公式为:

$$I_i = \frac{(x_j-\bar{x})}{S^2}\sum_{j=1}^{n}w_{ij}(x_j-\bar{x}) \quad (4.4)$$

局部莫兰指数取值范围为 $[-1,1]$,当 $I>0$ 时,表示该地区体育产业产出数值被周围地区相似值包围,即体育产业产出呈现出高—高集聚或者低—低集聚的空间分布特征;当 $I<0$ 时,表示该地区的体育产业产值被周围地区的非相似值包围,即体育产业产出呈现出高—低集聚或低—高集聚的空间分布特征;当 $I=0$ 时,说明空间序列在该地区与相邻地区不存在空间相关性。在实证分析的过程中,一般通过离散聚类图来表达局部莫兰指数 I。

4.1.3 空间计量模型介绍

在现实条件下，根据变量的空间呈现方式不同，可以通过空间权重矩阵 W 将空间因素引入计量模型中。将一般空间计量模型应用到面板数据中，则可以转化为空间面板计量模型。

综合来看，根据空间滞后项引入类型的不同，一般可以将空间计量模型分为广义嵌套式空间模型（同时考虑被解释变量、解释变量和误差项的空间滞后相关性）、空间混合回归模型（同时考虑被解释变量和误差项的空间滞后相关性）、空间滞后模型（仅考虑被解释变量的空间滞后相关性）、空间误差模型（仅考虑空间误差项的空间滞后相关性）、空间杜宾模型（同时考虑被解释变量和解释变量的空间滞后相关性）以及空间杜宾误差模型（在空间杜宾模型的基础上，进一步考虑误差项的空间滞后相关性）。而应用最为广泛的是空间滞后模型、空间误差模型和空间杜宾模型。

4.2 我国体育产业发展的空间相关性检验

为了利用空间计量模型实证分析我国体育产业高质量发展的内生机制，有必要对本章空间样本数据进行空间相关性检验。当空间样本数据存在一定程度的空间相关性时，则可以利用空间计量模型进行实证分析，否则，可直接选择传统计量回归模型进行实证研究。关于样本数据的选择，基于样本数据的可得性，本章选择了 2005—2017 年我国 30 个省级行政区（除港澳台和西藏地区）体育产业的相关数据进行实证分析。

4.2.1 空间权重矩阵构建

对我国体育产业发展的空间相关性进行空间计量分析检验，首要工作是构造空间权重矩阵。空间权重矩阵一般常用来反映不同地区之间经济变量的空间"距离"。本部分构建以下三种形式的空间权重矩阵,分别是邻接(0-1)空间权重矩阵(W^{01})、反地理距离空间权重矩阵(W^d)和地理—技术距离嵌套空间权重矩阵(W^{te})。地理—技术距离嵌套空间权重矩阵 $W^{te}=W^d \times E^{te}$。其中,空间权重矩阵 W 和 E^{te} 的非主对角元素定义分别如下所示:

$$W = \begin{bmatrix} w_{11} & w_{12} & \cdots & w_{n1} \\ w_{21} & w_{22} & \cdots & w_{2n} \\ \vdots & \vdots & \cdots & \vdots \\ w_{1n} & w_{n2} & \cdots & w_{nn} \end{bmatrix}.$$

$$E^{te}_{ij} = \frac{1}{|\bar{e}_i - \bar{e}_j|}(i \neq j) \tag{4.5}$$

在(4.5)公式中,地区 i 与地区 j 之间的"距离"$d=w_{ij}$,W^{01} 中非对角线元素为 0 或 1(相邻为 1,不相邻为 0),W^d 非对角线元素为两地地理距离的倒数;E^{te} 主对角元素为 0,$\bar{e}_i$ 为 i 地区在样本期内发明专利均值数。在具体的实证分析中,对上述空间矩阵均进行标准化处理。下面对我国体育产业产出数据进行空间依赖性量化分析,判断其空间分布、集聚形式。

4.2.2 全局空间相关性分析

首先,通过计算样本期间我国各地区体育产业产出($Sport\_output$)的全局空间自相关莫兰指数 I,分析体育产业产值数据的空间集聚性特征。表 4.1 给出了上述指标在 W^{01}、W^d 和 W^{te} 设定下的全局莫兰指数 I。

表 4.1 我国体育产业产值全局莫兰指数 I

年份	邻接矩阵	反地理距离矩阵	技术—地理距离嵌套矩阵
2005	0.185**	0.045***	0.359***
	(1.819)	(2.443)	(4.94)
2006	−0.086	−0.009	0.258***
	(−0.43)	(0.794)	(3.736)
2007	−0.083	−0.029	0.248***
	(−0.422)	(0.165)	(3.712)
2008	0.088*	−0.001*	0.134***
	(1.616)	(1.59)	(3.361)
2009	0.031	−0.002	0.296***
	(0.547)	(1.017)	(4.169)
2010	0.206**	0.046***	0.304***
	(1.981)	(2.449)	(4.229)
2011	0.125*	0.027**	0.266***
	(1.352)	(1.953)	(3.874)
2012	0.185**	0.029**	0.259***
	(1.949)	(2.075)	(3.947)
2013	0.194**	0.05***	0.285***
	(1.923)	(2.654)	(4.085)
2014	0.013	−0.006	0.243***
	(0.399)	(0.876)	(3.524)
2015	−0.021	−0.024	0.246***
	(0.115)	(0.329)	(3.523)
2016	−0.008	−0.019	0.298***
	(0.216)	(0.483)	(4.167)
2017	0.184**	0.021**	0.211***
	(2.216)	(2.05)	(3.77)

注：*表示 $p<0.1$，**表示 $p<0.05$，***表示 $p<0.01$；括号内为 Z 值。

根据表 4.1 中的全局莫兰指数 I 及其检验结果来看，在 W^{01}、W^d 以及地理—技术嵌 W^{te} 设定下，我国省级地区的体育产业产值全局莫兰指数 I 在大多数年份通过了显著性检验。特别是，在 W^{d-t} 设定下，我国省级地区的体育产业产值全局莫兰指数 I 在所有年份均通过了

1%的显著性水平检验,而且全局莫兰指数 I 均大于 0。上述结果说明,我国各地区体育产业产值在空间分布上呈现出显著的正相关特征。

4.2.3 局部空间相关性分析

为了进一步直观反映我国省级地区体育产业产值的空间分布特征,下面绘制了我国省级地区体育产业产值($Sport\_output$)的莫兰散点图。

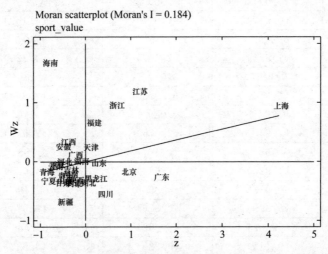

图 4.1　2017 年我国省级地区体育产业产值莫兰散点图

需要说明的是,在图 4.1 中,位于第一象限的省级地区为高—高(H-H)集聚地区,第二象限的省级地区为低—高(L-H)集聚地区,第三象限的省级地区为低—低(L-L)集聚地区,第四象限的省级地区为高—低(H-L)集聚区。从图 4.1 中可得,我国体育产业发展存在较为严重的地区发展不平衡问题,整体来看,长三角地区的体育产业发展呈现出"一荣俱荣"的发展态势,但京津冀地区和珠三角地区体育产业发展未能有效实现协同进步。广大中西部地区和东北地区体育产业发展呈现出低—低分布的空间态势,即这些地区的体育产业发展水平普遍不高。

从图 4.1 可见,位于第一象限的 5 个省级地区有:上海、江苏、浙江、福建和天津,这些地区均属于东部沿海地区。根据局部莫兰指数数值可得,上述 5 个地区形成了一个体育产业产值高值集聚区域。位于第三象限的 15 个省级地区有:重庆、云南、青海、宁夏、新疆、吉林、贵州、山西、甘肃、内蒙古、陕西、河北、湖南、河南和辽宁,这些省级地区形成了一个体育产业低值集聚区域。总体看来,处于高—高(High-High)集聚地区和低—低(Low-Low)集聚地区的省级地区有 20 个,占全部省级地区的 66.7%。结果说明我国省级地区的体育产业产值呈现出明显的正向空间相关分布特性,即我国省级地区的体育产业产值高值区的周边地区的体育产业产值也较高,反之亦然。另外,有少数省级地区的体育产业产值呈现出低—高和高—低集聚态势,且这些地区的局部莫兰指数大部分不显著。

由此可得,在实证分析我国体育产业高质量发展的内生机制过程中,为了提高实证估计结果的有效性,在实证检验的过程中有必要将变量本身存在的空间相关性引入实证检验模型之中,即采用空间计量模型对我国体育产业高质量发展机制进行实证验证更具合理性。

4.3 体育产业高质量发展内生与外生机制实证检验

4.3.1 空间计量模型设定与变量说明

根据内生增长理论分析可知,我国体育产业高质量发展的传统的内生动力是资本和劳动的投入,而技术进步则是体育产业能够克服边际报酬递减规律,进而实现长远可持续发展的内生动力。根据理论部分的分析可得,要素供给和市场需求是体育产业发展的最根本的双轮内生驱动机制,是推动体育产业高质量发展的两翼,体育产业高质量发展的内生驱动机制集中体现为要素供给机制和市场需求机制。其中,体育产业发展的要素供给机制集中体现为资本形成、人力资本和技术进步等生产要素供给对体育产业发展的作用;同时,体育产业投资受制于体育消费市场的发展,体育产业的繁荣发展需要以体育消费市场的繁荣发展为前提,市场需求机制是体育产业发展的内生主导机制之一。

根据新经济地理学理论和经济社会发展的一般经验规律,一个地区的体育产业发展不仅受本地区基础生产要素投入及其他相关环境变量的影响,同时也会受邻近地区体育产业发展及其他相关因素的影响。就我国而言,体育产业部门的资本、劳动、技术等要素在市场机制或者政府调控的影响下,在地区之间始终处于动态配置过程中。本地区的体育产业固定资产投资除了受本地区体育产业发展状况的影响之外,还会受到邻近地区体育产业发展状况的影响,同理,邻近地区体育产业的发展同样也会影响本地区体育产业投资的规模与水平。由于传统的计量模型没有将"空间相关性、空间异质性"因素纳入回归模型当中,使得随机扰动项和解释变量的正交性经典假设得不到满足,将会导致较为严重的内生性问题。因此,本章利用现代空间计量模型实证检验体育产业发展的内生机制。

另外,由于地区之间的体育产业产出(被解释变量)存在空间相关性,而且影响本地区体育产业发展的内生变量(体育产业投资、体育劳动者数量、技术水平)和外生变量(政府政策、产业结构、开放水平等等)会受其他地区相应变量的影响。另外,鉴于此,本章在检验我国体育产业高质量发展的内生和外生机制时需要同时考虑被解释变量(体育产业产出)以及解释变量(体育产业投资、体育劳动者数量、技术水平、政府政策、产业结构、开放水平等等)的空间滞后相关性。因此,本部分构建如下空间杜宾模型对我国体育产业高质量发展的内生和外生机制进行实证检验。

$$sport\_output_{it} = \rho W'_i sport\_output_t + \beta X'_{it} + d'_i X_{it}\delta + u_i + \gamma_t + \varepsilon_{it} \tag{4.6}$$

公式中的 $sport\_output_{it}$ 表示第 i 个省份在 t 时期的体育产业产出；W 为空间权重矩阵；$W'_i sport\_output_t$ 表示体育产业产出的空间滞后项；ρ 为空间滞后自回归系数；X_{it} 表示体育产业投资、体育劳动者数量、技术水平等解释变量和控制变量的集合；β 为解释变量和控制变量的回归系数向量；$d'_i X_{it}$ 表示核心解释变量(体育产业投资、体育劳动者数量、技术水平)和控制变量的空间滞后项；δ 为 X_{it} 的空间回归系数。另外，u_i 表示个体效应，γ_t 表示时间效应，ε_{it} 为经典随机扰动项。

由于我国体育产业起步相对较晚，截至目前，相关的体育经济统计数据库建设相对滞后。考虑数据可得性，特别是，体育类相关统计数据的可得性，本部分选取 2005—2018 年我国相关统计年鉴中的相应数据作为样本数据。具体地，选择我国各省级地区(不含西藏、港澳台地区)的体育产业产值作为被解释变量，核心解释变量为各地区体育产业投资、体育劳动者从业数量、技术水平。同时，为了提高模型估计结果的可靠性，进一步选择了一系列影响体育产业发展的环境变量作为控制因素纳入空间杜宾模型当中。变量界定见表 4.2。

表 4.2　变量说明

	变量符号	变量名称	变量定义
体育产业发展水平	$sport\_output$	地区体育产业发展水平	地区体育产业产值
供给机制	$sport\_invest$	地区体育产业投资	地区体育产业资本投入
	$sport\_labor$	地区体育产业从业人员数	地区体育产业劳动投入
	$tech$	地区技术水平	地区技术合同成交额
需求机制	$income$	地区居民收入水平	地区城镇居民可支配收入
政府调控机制	gov	政府支持政策	地区政府体育财政支出

(续表)

	变量符号	变量名称	变量定义
外在调控机制	ins	地区产业结构	地区第三产业占比
	$market\_index$	地区市场化水平	地区市场化指数
	$open$	地区开放程度	地区进出口总额
	$traffic$	地区交通发展水平	地区交通等固定资产投资
	$w \cdot z$	邻近地区环境变量	上述变量的空间滞后项

需要说明的是,现阶段,我国各地区体育产业统计口径不一致,有些地区尚未公布地区体育产业产值情况。鉴于此,为了得到各地区体育产业产值情况,本书利用《体育事业统计年鉴(2006—2018)》中的体育经济类数据进行估算。具体估算依据和方法如下:根据经济社会发展的一般经验,一个地区的体育产业越是发达,政府体育财政收入当然就会越高,再加上现阶段我国政府财政收入中税收占有绝对比重,因此,我们进一步借助体育行业税率来反推我国各地区体育产业产值数据。根据《财税〔2016〕36号文件》附件1第15条规定,文化体育业增值税税率为6%。一般纳税人发生文化体育服务应税行为可以选择适用简易计税方法计税。另外,在2015年之前,根据税法,文化体育业适用3%的营业税率。因此,我们可以根据政府体育财政收入和相应的税率(3%)来估算我国各地区的体育产业产值数据。事实上,用体育产业资本存量来反映体育产业资本投入更合理。进一步地,采用永续盘存法估算各地区体育产业资本存量数据。另外,利用各地区固定资产投资价格指数将各地区体育类固定资产投资折算为以2005年为基期的不变价。参照相关研究,永续盘存法的折旧率设定为9.6%(张军、吴桂英、张吉鹏,2004)。

本章原始数据均来自国家统计局、《中国第三产业统计年鉴(2006—2018)》《体育事业统计年鉴(2006—2018)》、中经网统计数据库、国研网统计数据库以及《中国分省份市场化指数报告》和《中国固定资产投资统计年鉴(2006—2018)》。表4.3给出了相关的描述性统计结果。

表 4.3 变量描述性统计

变量	样本数	均值	标准差	最大值	中位数	最大值
$sport\_output$	390	5.570	0.826	2.329	5.637	7.967
$sport\_invest$	390	12.940	1.406	6.251	13.140	15.240
$sport\_labor$	390	7.824	0.830	5.525	7.832	10.180
$income$	390	9.872	0.454	8.986	9.924	11.040
$tech$	390	0.013	0.026	0.000	0.004	0.160
gov	390	7.257	3.748	1.054	6.540	31.500
ins	390	0.423	0.090	0.286	0.402	0.806
$market\_index$	390	6.446	1.866	2.330	6.275	11.710
$open$	390	0.314	0.383	0.017	0.136	1.721
$traffic$	390	0.065	0.033	0.019	0.058	0.278

注：根据原始数据整理所得，具体整理方式：绝对数取对数，相对数不变。

4.3.2 空间计量模型估计与实证结果分析

接下来，利用 Stata 软件对上述空间杜宾模型进行估计，对我国体育产业高质量发展的内生机制进行实证检验。选择上文估算的各地区体育产业产值作为被解释变量，各地区体育产业资本存量、体育行业从业人数、各地区技术水平作为解释变量，其他控制变量如表 4.3 所示。另外，在第 4.2 节空间相关性检验的基础上，还需要对模型的具体形式进行检验。首先，根据 Hausman 检验结果（卡方统计量：73.78，P 值：0.00），选择固定效应面板模型更为科学合理。然后，检验年度效应是否显著。经检验发现，年度效应在绝大多数年份并不显著。同时，考虑到样本期间我国体育产业发展始终处于初步发展阶段，因此，可以认为体育产业发展过程中的时间效应较为微弱。表 4.4 给出了实证估计结果。

表 4.4 空间杜宾模型估计结果

变量	模型 1 邻接矩阵	模型 2 反地理距离矩阵	模型 3 嵌套矩阵	模型 4 普通面板模型
$sport\_invest$	0.077**	0.071**	0.083***	0.099***
	(2.49)	(2.14)	(2.64)	(3.07)
$sport\_labor$	0.096**	0.072	0.067	0.072
	(1.96)	(1.63)	(1.53)	(1.58)
$tech$	5.840**	5.866**	5.217**	0.000
	(2.33)	(2.14)	(2.18)	(0.000)
$income$	0.966**	0.684	0.243	0.840***
	(2.49)	(1.57)	(0.55)	(8.18)
gov	0.081***	0.079***	0.079***	0.081***
	(15.95)	(15.89)	(16.04)	(15.50)
ins	−1.297**	−1.397**	−0.922*	−1.853***
	(−2.47)	(−2.55)	(−1.79)	(−3.87)
$market\_index$	−0.025	−0.008	−0.017	−0.112***
	(−0.68)	(−0.22)	(−0.49)	(−5.39)
$open$	−0.119	−0.189	−0.333**	−0.095
	(−0.74)	(−1.27)	(−2.08)	(−0.60)
$traffic$	0.625	0.247	0.634	0.370
	(0.72)	(0.30)	(0.84)	(0.49)
$cons$				−3.706***
				(−5.20)
$W \cdot sport\_invest$	−0.125*	−0.400	−0.053	
	(−1.73)	(−1.59)	(−0.55)	
$W \cdot sport\_labor$	−0.024	−0.486*	−0.090	
	(−0.25)	(−1.71)	(−0.77)	
$W \cdot tech$	9.576**	17.23	−23.912**	
	(2.04)	(1.61)	(−2.41)	

(续表)

变量	模型1 邻接矩阵	模型2 反地理距离矩阵	模型3 嵌套矩阵	模型4 普通面板模型
$W \cdot income$	0.033	1.599*	0.911*	
	(0.08)	(1.79)	(1.72)	
$W \cdot gov$	−0.012	0.045*	0.006	
	(−0.97)	(1.79)	(0.46)	
$W \cdot ins$	−2.066**	−4.702**	−0.935	
	(−2.56)	(−2.41)	(−0.92)	
$W \cdot market\_index$	−0.072*	−0.106**	−0.109**	
	(−1.75)	(−2.15)	(−2.33)	
$W \cdot open$	−0.128	1.511***	0.923*	
	(−0.49)	(2.61)	(1.95)	
$W \cdot traffic$	2.321	13.625***	1.581	
	(1.64)	(2.71)	(0.91)	
ρ	0.163**	−0.038	0.002	
	(2.23)	(−0.24)	(0.02)	
$sigma2\_e$	0.060***	0.059***	0.060***	
	(13.92)	(13.96)	(13.96)	
r^2	0.184	0.260	0.072	
ll	−6.018	−2.991	−4.527	
aic	88.04	81.98	85.05	
bic	238.8	232.7	235.8	
N	390	390	390	

注：(1)*表示$p<0.1$，**表示$p<0.05$，***表示$p<0.01$；(2)括号中为Z统计量。

表4.4中空间计量回归模型1的估计结果表明，我国体育产业产出空间滞后项ρ的系数估计结果为正，且在5%的水平上显著。但如果空间滞后项ρ的系数在1%的统计学水平上显著异于零，则反映被解释变量（$sport\_output$）的空间滞后效应、解释变量的区域内部直接效

应以及解释变量的区域外部间接效应的估计系数 ρ、β 和 δ 的含义与 OLS(最小二乘)的估计系数的含义不同。因此,不能简单地按照 OLS 的参数解读方式来解释空间计量模型中的回归系数。

由于模型 1 中被解释变量($sport\_output$)空间滞后项的系数 ρ 参数估计结果显著异于零,因此,为了更加科学地实证检验我国体育产业高质量发展的内生机制,可以进一步借鉴 LeSage 和 Pace 的方法将体育产业发展的影响机制进行偏微分分解,即将总影响效应分解为区域内部直接影响效应和区域外部间接影响效应,也就是可以将总效应分为直接效应和间接效应(LeSage J,2009)。表 4.5 给出了分解结果。

表 4.5 空间杜宾模型估计结果偏微分分解结果

		模型 1	模型 2	模型 3
		邻接矩阵	反地理距离矩阵	嵌套矩阵
内生驱动机制	$sport\_invest$	0.073**	0.073**	0.084***
		(2.30)	(2.15)	(2.61)
	$sport\_labor$	0.094**	0.071*	0.065
		(2.03)	(1.68)	(1.53)
	$tech$	6.562***	6.116**	5.438**
		(2.69)	(2.32)	(2.38)
	$income$	0.966***	0.667	0.232
		(2.59)	(1.57)	(0.54)
外在调节机制	环境变量			
	gov	0.081***	0.079***	0.079***
		(16.70)	(16.51)	(16.67)
	ins	−1.358***	−1.358**	−0.889*
		(−2.63)	(−2.46)	(−1.72)
	$market\_index$	−0.029	−0.008	−0.018
		(−0.81)	(−0.24)	(−0.51)
	$open$	−0.126	−0.192	−0.333**
		(−0.80)	(−1.31)	(−2.11)
	$traffic$	0.788	0.292	0.693
		(0.95)	(0.37)	(0.94)

(续表)

		模型1 邻接矩阵	模型2 反地理距离矩阵	模型3 嵌套矩阵
外在调节机制	空间动力机制			
	$\rho \cdot sport\_output$	0.163**	−0.038	0.002
		(2.23)	(−0.24)	(0.02)
	$sport\_investw$	−0.129	−0.391	−0.051
		(−1.49)	(−1.56)	(−0.52)
	$sport\_laborw$	−0.010	−0.479*	−0.093
		(−0.09)	(−1.76)	(−0.81)
	$incomew$	0.218	1.538**	0.917*
		(0.56)	(1.98)	(1.85)
	$govw$	0.001	0.041**	0.007
		(0.09)	(2.50)	(0.65)
	$insw$	−2.704***	−4.652***	−1.003
		(−3.06)	(−2.69)	(−0.97)
	$market\_indexw$	−0.086**	−0.100**	−0.108**
		(−1.98)	(−2.05)	(−2.27)
	$openw$	−0.166	1.504***	0.960**
		(−0.57)	(2.60)	(1.97)
	$trafficw$	2.744*	13.445***	1.611
		(1.75)	(2.71)	(0.88)
	r^2	0.184	0.260	0.072
	ll	−6.018	−2.991	−4.527
	aic	88.04	81.98	85.05
	bic	238.8	232.7	235.8
	N	390	390	390

注：(1) * 表示 $p<0.1$，** 表示 $p<0.05$，*** 表示 $p<0.01$；(2) 括号中为 z 统计量。

表4.5中三个模型的估计结果在整体上是一致的，但是，个别参数的估计结果存在微小差异。为了更加科学地识别我国体育产业高质量发展的内生影响因素，我们可以根据AIC、BIC以及LL准则进行最优模型筛选。根据AIC、BIC最小化信息准则，以及LL最大化信息准

则,可以认为模型 2 的估计结果极有可能更具合理性。因此,在解释空间计量模型回归结果时,以模型 2 的估计结果为主要参考,同时,也会综合考虑其他两个模型的估计结果进行辅助解释。

(一) 内生动力机制实证检验结果

根据理论部分的分析,要素供给和市场需求是体育产业发展最根本的双轮内生驱动机制,换句话说,体育高质量发展的内生驱动机制集中体现为要素供给机制和市场需求机制。其中,体育产业高质量发展的要素供给机制集中体现为资本形成、人力资本和技术进步等生产要素供给对体育产业发展的作用,同时,体育产业投资受制于体育消费市场的发展,体育产业的繁荣发展需要以体育消费市场的繁荣发展为前提,因此,需求机制也是体育产业发展的内生机制之一。

1. 要素供给机制

如下结论在我国体育产业高质量发展的要素供给机制中,通过实证检验结果可以得出

一是资本供给方面。根据表 4.5 中三个模型的估计结果可以看出本地区体育产业资本(供给)投资对本地区体育产业产出拉动系数为正,而且均通过了 5% 和 1% 的统计学显著性水平检验。实证结果说明,本地区的体育产业投资能够积极拉动本地区体育产业发展。

二是劳动供给方面。体育产业劳动力(供给)投入方面,根据模型 1 和模型 2 的估计结果可以发现,本地区体育产业劳动力投入对本地区体育产业产出拉动系数为正,而且拉动系数分别在 5%、10% 的统计学水平上显著。实证结果说明,本地区的体育产业劳动力投入能够积极拉动本地区体育产业发展。

三是技术进步方面。根据表 4.5 中三个模型的估计结果可以看出,本地区技术进步对本地区体育产业发展的影响系数分别在 1%、5% 以及 5% 的统计学水平上显著。上述实证结果表明,本地区的技术进步能够对本地区体育产业增长产生显著的积极影响,影响系数通过

了5％的显著性水平检验。

2. 市场需求机制

体育产业投资受制于体育消费市场的发展,体育产业的繁荣发展需要以体育消费市场的繁荣发展为前提。可见,需求机制也是体育产业发展的内生机制之一。人们的消费水平可以用来衡量有效需求规模的大小。同时,在现实生活中,影响消费水平的因素多种多样,根据凯恩斯理论,家庭收入对消费需求水平起决定作用。因此,可以用城镇居民可支配收入水平来反映居民消费需求状况。

城镇居民可支配收入方面,根据模型1的估计结果可以发现,本地区的城镇居民可支配收入对本地区体育产业产出的拉动系数显著为正;同时,模型2中本地区的城镇居民可支配收入对本地区体育产业产出的拉动系数为正,且非常接近10％的显著性水平。实证结果说明,本地区城镇居民可支配收入对本地区体育产业增长具有积极影响。

(二) 外在调节机制实证检验结果

1. 政府调控机制实证检验结果

值得注意的是,根据表4.5中三个模型的估计结果可知,本地区政府财政支持政策对本地区体育产业增长的影响系数为正,而且全部都在1％的统计学水平上显著。实证结果说明,现阶段,本地区政府财政支持政策对本地区体育产业的发展具有显著的积极影响。

2. 本地区环境调节变量

本部分用地区体育产业发展的相关环境变量表示体育产业发展的外在调节机制。在环境(控制)变量方面,根据表4.5中三个模型的估计结果,本地区的产业结构升级(第三产业比重上升)对本地区体育产业增长的影响系数均显著为负,说明在样本期内,本地区的产业结构升级(第三产业比重上升)对本地区的体育产业发展具有显著的负面影响。另外,由表4.5的估计结果可以得到,整体而言,近20年来,本地区市场化水平的提升未能对本地区体育产业的发展产生显著的积极影响。同样地,总体来看,地区开放程度、地区交通设施投资水平的提升对本地区体育产业发展的影响亦不显著。

3. 邻近地区空间动力机制

(1) 体育产业资本投入方面。根据表 4.5 中三个模型的估计结果可以看出,邻近地区的体育产业投资对本地区体育产业产出拉动系数为负,但是均未通过统计学显著性水平检验。实证结果说明,邻近地区的体育产业投资未能够积极拉动本地区体育产业发展。

(2) 体育产业劳动力投入方面。根据表 4.5 中模型 2 的估计结果可以发现,邻近地区的体育产业劳动力投入对本地区体育产业产出的拉动系数为负,而且拉动系数在 10% 的统计学水平上显著。实证结果说明,从近 20 年的整体情况来看,邻近地区的体育产业劳动力投入水平的增加不利于本地区体育产业的发展。

(3) 技术进步方面。根据表 4.5 中模型 2 的估计结果可以看出,邻近地区技术进步对本地区体育产业发展的影响系数为正,但未能通过统计学显著性水平检验。上述实证结果表明,邻近地区的技术进步未能够对本地区体育产业的增长产生显著的积极影响。

(4) 居民可支配收入。城镇居民可支配收入方面,根据表 4.5 中模型 2 的估计结果可以发现,邻近地区的城镇居民可支配收入对本地区体育产业产出的拉动系数显著为正。结果说明,邻近地区城镇居民可支配收入对本地区体育产业增长具有显著的积极影响。

(5) 政府扶持方面。值得注意的是,根据表 4.5 中模型 2 的估计结果,邻近地区政府财政支持政策对本地区体育产业增长的影响系数为正,而且在 5% 的统计学水平上显著。实证结果说明,现阶段,邻近地区政府财政支持政策能够对本地区体育产业的发展产生显著的积极影响。

(6) 其他环境变量方面。根据表 4.5 中模型 2 的估计结果,邻近地区的产业结构升级(第三产业比重上升)对本地区体育产业增长的影响系数显著为负。结果表明,在样本期内,邻近地区的产业结构升级(第三产业比重上升)对本地区的体育产业的发展具有显著的负面影响。另外,表4.5中模型2的估计结果表明,近20年来,邻近地区市场化水平的提升能够对本地区体育产业的发展产生显著的负面影响。但值得注意的是,邻近地区开放程度、地区交通设施投资水平对本地区体育产业的影响系数均显著为正,这一结果表明,邻近地区开放程度、地区交通设施投资水平的提升对本地区体育产业的发展产生显著的积极影响。

4.3.3 实证研究结论

通过前文理论分析发现,我国体育产业高质量发展的内生机制表现为两个方面。从供给机制方面看,体育产业资本投资、体育产业劳动力、技术进步等传统生产要素供给是推动体育产业高质量发展的基础保障,同时,技术进步作为现代生产要素供给是推动体育产业高质量可持续发展的内生动力。从需求机制方面看,根据市场需求理论,体育产业发展受制于体育消费市场的发展,体育产业的繁荣发展需要以体育消费市场的繁荣发展为前提。当然,由于居民收入水平是制约体育消费市场发展的深度和广度的先决条件,而体育消费市场发展的广度和深度深刻影响着体育产业发展的外延和内涵。因此,从需求侧角度而言,居民收入水平有力制约着体育产业发展的规模和水平。另外,由于我国体育产业处于初步发展阶段,"官办体育"的烙印尚未完全褪去,再加上我国特色的社会主义市场经济制度,政府干预在体育产业发展的过程中扮演着重要角色。现阶段,我国各级政府主要通过政府体育财政支出来扶持体育产业的茁壮成长,政府体育财政支出则会从供需两端发力,推动体育产业高质量发展。通过对我国体育产业高质量发展的内生机制实证检验结果,可以得出以下研究结论:

首先,要素供给机制方面的结论主要有以下三点。一是资本供给方面,近 20 年来,我国各地区的体育产业投资能够积极显著地拉动本地区体育产业发展,但本地区的体育产业投资对邻近地区体育产业的发展影响并不显著;二是劳动供给方面,近 20 年来,我国各地区体育产业劳动投入增加能够积极显著地拉动本地区体育产业发展,但邻近地区的体育产业劳动力投入水平的增加不利于本地区体育产业的发展;三是技术进步方面,近 20 年来,本地区的技术进步能够对本地区体育产业增长产生显著的积极影响,然而,邻近地区的技术进步未能够对本地区体育产业的增长产生显著的积极影响。

其次,就需求机制而言,值得注意的是,近 20 年来,本地区的城镇居民可支配收入对本地区体育产业增长具有积极影响。同时,邻近地区城镇居民可支配收入对本地区体育产业增长具有积极影响。随着收入水平提高,人们对于体育产品和服务的需求不断增加。体育产业内涵和外延逐步扩大的发展历程也是体育产业市场主体积极满足居民对体育产品和服务的需求并逐渐扩大再生产的过程。尤其在我国进入买方市场后,大众对体育类产品和服务的消费需求快速增长,成为体育产业不断扩张的原动力(江小涓,2018)。

最后,是外生调节(环境变量)机制方面。从政府调控机制的角度来看,近 20 年来,本地区的政府支持政策对本地区体育产业的发展具有显著的积极影响,同时,邻近地区的政府财政支持政策能够对本地区体育产业的发展具有显著的积极影响。事实上,相对于发达国家而言,我国体育产业发展较晚,本世纪初,我国的体育事业才真正开始迈入职业化、商业化发展的道路。就现阶段来说,我国体育产业发展仍旧处于起步阶段,体育产业依然属于朝阳产业。就目前来说,我国体育产业发展尚未建立系统科学的市场体制机制,体育产业发展的市场环境也并不成熟,再加上产业处于初步成长期,根据产业发展演进的一般规律而言,现阶段我国体育产业的成长对政府调控的依赖程度较大。

从其他外生调节机制的角度来看,近20年来,本地区的产业结构升级(第三产业比重上升)对本地区的体育产业的发展具有显著的负面影响,同时,邻近地区的产业结构升级(第三产业比重上升)对本地区的体育产业的发展具有显著的负面影响。当然,针对这种现象,可以从我国体育产业的具体行业构成方面给出合理的解释。一般情况下,广大学者普遍采用第三产业占国民经济的比重来衡量我国产业结构,本书中也采取了同样的方法。在现实情况中,我国体育产业横跨第二、第三产业,虽然多数具体的体育行业部门属于第三产业的范畴,但我国体育产业中的体育用品及相关产品的制造等从属于第二产业的范畴,而且占有相当比例。以2017年为例,当年体育产业中的体育用品及相关产品制造行业、体育用品及相关产品制造行业衍生的销售、出租与贸易代理行业以及体育场地设施行业等这三大行业的产出占体育产业总产出的比重高达83%。近年来,上述三大行业的产出占比虽有所下降,但其比重依然超过半数。同样地,2019年,从我国体育产业总产值构成中可以看出,体育产业总产出中,体育用品及相关产品制造行业占比高达46.2%,再加上体育用品及相关产品制造行业衍生的销售、出租与贸易代理行业(占比15.3%),以及体育场地设施行业(占比3.2%),这三大行业体育产业总产出的比重高达64.7%。2020年,从我国体育产业总产值构成中可以看出,体育产业总产出中,体育用品及相关产品制造行业占比虽有所下降,但是占比依然高达29.3%,再加上体育用品及相关产品制造行业衍生的销售、出租与贸易代理行业(占比24%),以及体育场地设施行业(占比2.0%),这三大行业体育产业总产出的比重高达55.3%。

虽然近年来我国整体产业结构不断优化,第三产业的比重持续上升,但是由于体育产业中有很大一部分行业隶属于第二产业,或者由第二产业直接衍生而来的关联行业。因此,基于目前我国体育产业现有的内部结构,产业结构升级(第三产业比重上升)很有可能对体育产业产出增长产生不利影响。事实上,上述实证结果也充分验证了这一推断。

此外,近20年来,本地区市场化水平的提升未能对本地区体育产业的发展产生积极显著影响,而邻近地区市场化水平的提升能够对本地区体育产业的发展产生显著的负面影响。基于我国体育产业起步晚、处于发展初期、市场机制不健全等发展实际,较高的市场化水平极有可能不利于体育产业的茁壮成长。值得注意的是,地区开放程度、地区交通设施投资水平的提升对本地区体育产业的发展影响不显著,邻近地区市场化水平的提升能够对本地区体育产业的发展产生显著的负面影响。但是,邻近地区开放程度、地区交通设施投资水平的提升能够对本地区体育产业的发展产生显著的积极影响。

本 章 小 结

本章在前文理论分析的基础上,选择我国2005—2017年省级面板数据作为样本数据,通过构建空间计量模型,实证检验了我国体育产业高质量发展的内生机制。本章首先简单介绍了空间计量经济学的相关知识;其次,运用莫兰指数法对我国各地区体育产业发展情况进行空间相关性检验;最后,利用空间杜宾面板模型实证检验了我国体育产业高质量发展的内生动力与外在调节机制。通过实证研究可以得到以下结论:

第一,我国体育产业高质量发展的内生动力机制方面。首先,就供给机制而言,近20年来,我国各地区体育产业资本投资能够积极显著地拉动本地区体育产业的发展,但对邻近地区体育产业的发展影响并不显著。从劳动供给角度来看,近20年来,我国各地区体育产业劳动投入能够积极显著地拉动本地区体育产业发展,但不利于邻近地区体育产业的发展。从技术进步角度来看,近20年来,本地区的技术进步能够对本地区体育产业增长产生显著的积极影响,但对邻近地区体育产业的增长影响不显著。其次,就需求机制而言,近20年来,本地区的城镇居民可支配收入对本地区体育产业增长具有积极影响。同时,邻近地区城镇居民可支配收入对本地区体育产业增长具有积极影响。随着人民可支配收入水平的不断提高,人们对于体育产品和服务的需求不断增加。体育产业内涵和外延逐步扩大的发展历程也是体育产业市场主体积极满足居民对体育产品和服务的需求并逐渐扩大再生产的过程。尤其在我国进入买方市场后,大众对体育类产品和服务的消费需求快速增长,成为体育产业不断扩张的原动力。最后,就技术进步机制而言,近20年来,本地区的技术进步能够对本地区体育产业增长产生显著的积极影响,然而,邻近地区的技术进步未能够对本地区体育产业的增长产生显著的积极影响。

第二,我国体育产业高质量发展的外生调节机制方面。首先,就政府调控机制而言,近20年来,本地区的政府财政支持政策对本地区体育产业的发展具有显著的积极影响,同时,邻近地区的政府财政支持政策对本地区体育产业的发展具有显著的积极影响。其次,就其他外生调节机制而言,近20年来,本地区的产业结构升级(第三产业比重上升)对本地区体育产业的发展具有显著的负面影响,同时,邻近地区的产业结构升级(第三产业比重上升)对本地区体育产业的发展具有显著的负面影响。最后,本地区市场化水平的提升未能对本地区体育产业的发展产生积极显著影响,而邻近地区市场化水平的提升能够对本地区体育产业的发展产生显著的负面影响。此外,本地区开放程度、地区交通设施投资水平的提升对本地区体育产业的发展影响不显著,邻近地区市场化水平的提升能够对本地区体育产业的发展产生显著的负面影响。但是,邻近地区开放程度、地区交通设施投资水平的提升对本地区体育产业的发展会产生显著的积极影响。

第 5 章 我国体育产业高质量发展的门槛约束机制实证分析

本章在前文门槛机制理论分析的基础上,对我国体育产业高质量发展的门槛机制进行实证研究,以期为体育产业和体育经济高质量发展提供参考。本章从理论上探讨体育产业高质量发展的门槛机理,剖析体育产业发展随居民收入水平变化的动态特征,并进一步采用传统面板模型和面板门槛模型实证检验我国居民收入水平对体育产业增长影响的非线性特征。

5.1 体育产业及体育产业投资统计分析

5.1.1 体育产业发展统计分析

国家体育总局和国家统计局公布的统计数据显示,2019 年,全国体育产业总产出为 2.95 万亿元,增加值为 11248 亿元,总产出同比名义增长 10.9%,增加值增长 11.6%,增速远远高于同期我国国内生产总值增速。图 5.1 刻画了近十几年来我国体育产业的总体发展状况:2007—2019 年,我国体育产业增加值年平均增速为 19.97%,占 GDP 的比重逐年攀升,比重由 2007 年的 0.47% 上升到 2019 年的 1.14%。由此可见,体育产业对我国经济增长的贡献度逐年加大(张亮、王文成,2021)。

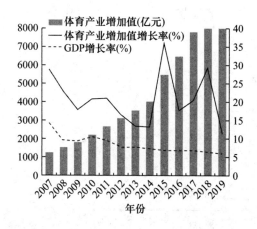

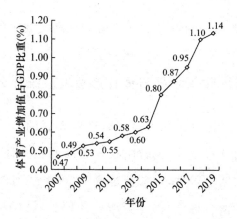

图 5.1　2007—2019 年我国体育产业发展状况

5.1.2　体育产业投资统计分析

近年来,我国体育产业投资快速增长。图 5.2 给出了 2004—2017 年我国体育类固定资产投资(不含农户)的变动情况。2004—2017 年,全国体育类固定资产投资年均增长率高达 22.8%,远高于同时期的全社会固定资产投资名义增速(16.10%)。另外,如图 5.2 所示,新常态下,体育产业固定资产投资增长进一步提速。具体而言,2014—2017年,我国体育产业固定资产投资年均增速高达 20.22%,同时期,我国全社会固定资产投资名义增速仅为7.28%(张亮、王文成,2021)。

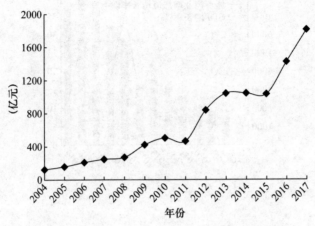

图 5.2　2004—2017 年我国体育类固定资产投资

5.1.3　居民收入水平与体育产业发展统计分析

为初步分析国民收入水平对体育产业发展的影响,这里先对我国各地区体育产业产值与地区居民收入之间的相关性进行简单的描述性统计。基于数据可得性,本部分选取了 2005—2017 年我国省级行政区(不含西藏、港澳台地区)的体育产业产值和城镇居民可支配收入水平相关数据,以揭示体育产业发展与居民收入之间的变动关系。

图 5.3 展示的是我国各地区体育产业产值的对数值和城镇居民可支配收入对数值二者的散点图。需要说明的是,地区城镇居民可支配收入为以 2005 年为基期的实际收入水平,具体利用居民消费价格指数平减得到。由图 5.3 可见,我国各地区体育产业发展水平与地区国民收入水平大体上呈正相关关系。

目前,虽然我国体育产业投资呈现出强劲的发展势头,但从整体来看,我国体育产业发展不仅远远落后于发达国家水平,而且国内发展极不均衡(刘亮、付志华、黎桂华,2017)。在世界主要发达国家,体育

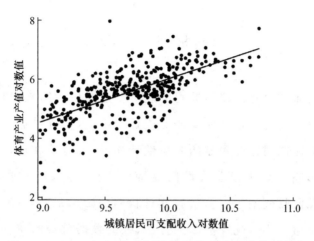

图 5.3　2005—2017 年我国各地区体育产业产值对数值
与城镇居民可支配收入对数值散点图

产业早已成国民经济的重要组成部分,在 GDP 中占有相当的比例,以 2017 年为例,发达国家体育产业占 GDP 的比重约为 3.5%,而同期国内占比仅为 0.95%,与世界主要发达国家相比还存在不小的差距(赵勇,2018)。

在国内,广东省作为国内体育产业最发达的地区,其 2017 年体育产业增加值占地区生产总值的比重为 1.37%,远高于同期国内平均水平。相比之下,绝大部分中西部省份的体育产业增加值占地区生产总值的比重小于 0.9%,远远落后于国内发达地区体育产业发展水平。当然,在国家层面的战略推动和消费升级的需求拉动下,我国体育产业存在巨大的发展潜力,蕴藏着可观的发展空间。因此,通过合理布局体育产业投资,对于释放体育产业发展潜力、增强我国经济发展韧性、最终实现高质量发展意义重大。

5.2 面板门槛模型介绍

从理论部分的分析和面板固定效应模型的估计结果可以看出,地区体育产业的发展受地区体育产业投资的影响,但这种影响在不同的收入水平地区之间存在明显的异质性特征,极有可能在居民可支配收入水平的影响下呈现出非线性门槛特征。鉴于此,本书采用 Hansen 发展的门槛回归模型进一步进行实证检验(Hansen B,1999)。面板门槛回归模型通过严格统计推断的方法,根据数据自身的特征对门槛值进行参数估计与假设检验。

5.2.1 面板门槛模型设定

本书设定城镇居民可支配收入作为门槛变量,以此考察不同居民收入水平约束下,体育产业投资对地区体育产业发展的动态影响。基于前文中的我国省级面板数据,本书借鉴 Hansen 的做法构建了如下两区制门槛回归模型:

$$sport\_output_{it} = \mu_i + \beta_1 sport\_invest_{it} I(income_{it} \leqslant \gamma) \\ + \beta_2 sport\_invest_{it} I(income_{it} > \gamma) + \theta' x_{it} + \varepsilon_{it}$$

(5.1)

其中,$sport\_output_{it}$ 为被解释变量,在本书中表示地区体育产业产值;城镇居民可支配收入变量为门槛变量,用 $income_{it}$ 表示;$sport\_invest_{it}$ 为受门槛变量影响的核心解释变量,表示体育产业固定资产投资存量;x_{it} 为控制变量。系数 β_1 和 β_2 分别为当门槛变量 $income_{it} \leqslant \gamma$、$income_{it} > \gamma$ 时变量 $sport\_invest_{it}$ 的回归系数向量。$I(\cdot)$ 为指标函数,当括号中的条件成立时取值为 1,否则取值为 0。另外,μ_i 为不随时间变化的个体不可观测效应,ε_{it} 为服从独立同分布的经典随机误差项,即 $\varepsilon_{it} \sim iidN(0,\delta^2)$。为了更加清晰地表达上述两区制方程形式,上述门槛回归模型可表示为公式(5.2):

$$sport\_output_{it} = \begin{cases} \mu_i + \beta_1 sport\_invest_{it} + \theta' x_{it} + \varepsilon_{it}, income_{it} \leqslant \gamma \\ \mu_i + \beta_2 sport\_invest_{it} + \theta' x_{it} + \varepsilon_{it}, income_{it} > \gamma \end{cases}$$

(5.2)

根据门槛变量 $income_{it}$ 与所估计的门槛值 γ 的大小,可以将全部样本分成两个区间。通常采用两步法估计门槛模型。首先,根据给定的门槛值 γ 对门槛模型进行参数估计,得到系数 β 的估计值 $\hat{\beta}(\gamma)$,然后计算对应的模型残差平方和(SSR)。根据 Chan 研究结果,如果给定的 γ 越接近真实的门槛值,则相应的 SSR 越小(Chan K,1993)。接下来,进一步选取所有 SSR 中的最小值所对应的门槛估计值 $\hat{\gamma}$。其次,门槛回归参数估计完成后,需要对门槛效应进行两方面的检验,一是门槛效应的显著性检验;二是门槛估计值的真实性检验。

5.2.2 门槛效应检验

首先,进行门槛效应的显著性检验,其原假设为 $H_0:\beta_1=\beta_2$,相应的备择假设为 $H_1:\beta_1\neq\beta_2$。借鉴 Hansen 的做法,构造如下检验统计量:

$$F_1(\gamma) = \frac{S_0 - S_1(\hat{\gamma})}{\hat{\sigma}^2}$$

(5.3)

其中,(5.3)式中的 S_0 为原假设 H_0 条件(即无门槛效应条件)下的残差项平方和,S_1 为存在门槛效应条件下的残差项平方和,$\hat{\sigma}^2$ 为扰动项方差的一致估计。本书借鉴 Hansen 建议的做法,采用自助抽样方法获取检验统计量的渐近分布,构造其对应的 P 值。如果原假设成立,则 $\beta_1=\beta_2$,说明门槛效应不存在,相应的计量模型为线性形式;如果拒绝原假设,则认为相应的计量模型为非线性形式,即存在门槛效应。

其次,检验门槛估计值的真实性,即检验原假设 $H_0: \gamma = \gamma_0$ 是否成立。本书中我们采用极大似然法检验门槛值的真实性,对应的似然比检验统计量为:

$$LR(\gamma) = \frac{S_1(\gamma) - S_1(\hat{\gamma})}{\hat{\sigma}^2} \quad (5.4)$$

其中,(5.4)式中的 $S_1(\hat{\gamma})$ 为原假设下参数估计后得到的残差平方和,$\hat{\sigma}^2$ 为相应的残差方差。由于干扰参数的存在,似然比检验统计量 $LR(\gamma)$ 的渐近分布仍是非标准的,但是 Hansen 提供了可以计算出其非拒绝域的公式,即当显著性水平为 α 时,若 $LR(\gamma) \leqslant -2\ln(1-\sqrt{1-\alpha})$,则不能拒绝原假设。

5.2.3 门槛类型检验

以上只是考虑单一门槛的情况,而实际经济运行过程中有可能存在多个门槛值。我们可以按照单一门槛思路,比较容易地扩展到两重门槛甚至多重门槛。以两重门槛模型为例,模型可以表示为如下形式:

$$\begin{aligned} sport\_output_{it} = & \mu_i + \beta_1 sport\_invest_{it} I(income_{it} \leqslant \gamma_1) \\ & + \beta_2 sport\_invest_{it} I(\gamma_1 < income_{it} \leqslant \gamma_2) \\ & + \beta_3 sport\_invest_{it} I(income_{it} \geqslant \gamma_2) \\ & + \theta' x_{it} + \varepsilon_{it} \end{aligned} \quad (5.5)$$

其中,门槛值 $\gamma_1 < \gamma_2$。两重门槛模型的估计方法是:首先,假定单一门槛模型中估计出的 $\hat{\gamma}_1$ 为已知,再对 γ_2 进行搜索。γ_2 的估计和检验方法与 γ_1 相同。其次,对 $\hat{\gamma}_2$(γ_2 估计值)进行门槛效应检验,原假设 H_0:只存在单一门槛,备择假设 H_1:存在两个门槛,相应的检验统计量为:

$$F_2(\gamma) = \frac{S_1(\hat{\gamma}_1) - S_2(\hat{\gamma}_2)}{\hat{\sigma}^2} \quad (5.6)$$

进一步利用自助抽样方法(Bootstrap)模拟出似然比统计量的渐近分布及对应的 P 值,进而判断是否拒绝原假设。需要注意的是,Bai 的研究表明 $\hat{\gamma}_2$ 是渐进有效的,但是 $\hat{\gamma}_1$ 不具有渐进有效性(Bai J,1997)。因此,可以固定住 $\hat{\gamma}_2$,然后对 $\hat{\gamma}_1$ 进行重新搜索,从而获得其优化后的一致估计量 $\hat{\gamma}_1$,然后,仍需通过相应的似然比统计量检验所得门槛值真实性。两重门槛模型的假设检验与单一门槛情况类似。如果拒绝原假设,说明搜索到的门槛值为真实值。此时,可以重复上述步骤,搜索第三个甚至更多个门槛值,直到不能拒绝原假设为止,由此确定门槛个数。

在上述理论分析和描述性统计性分析的基础上,按照2005—2017年各地区城镇居民可支配收入水平的平均值将我国各地区划分为低收入、中等收入和高收入地区三个样本组。通过构建普通面板数据模型,实证检验不同收入水平地区体育产业增长的异质性特征。

5.3 体育产业高质量发展门槛机制实证分析

5.3.1 变量与数据说明

借鉴大多数学者的一般做法,选取地区体育产业产值作为被解释变量,选取地区体育产业投资、体育从业人员数量作为解释变量。本书设定城镇居民可支配收入为门槛变量,以此考察不同居民收入水平约束下,体育产业投资对地区体育产业发展的动态影响。另外,为了更加科学地反映地区体育产业发展的实际情况,同时,鉴于数据的可得性,本书进一步借鉴相关研究进一步选取了地区产业结构水平、地区技术水平、地区开放程度等指标作为控制变量纳入实证模型中(范松梅、白宇飞,2020;胡佳澍、黄海燕,2021)。变量定义如表5.1所示。

表 5.1　实证模型变量说明

变量符号	变量名称	变量定义
$sport\_output$	地区体育产业发展水平	地区体育产业产值
$sport\_invest$	地区体育产业投资	地区体育产业资本投入
$sport\_labor$	地区体育产业从业人员数	地区体育产业劳动投入
$income$	地区居民收入水平	地区城镇居民可支配收入
$tech$	地区技术水平	地区技术合同成交额
gov	政府支持政策	地区政府体育财政支出
ins	地区产业结构水平	地区第三产业占比
$market\_index$	地区市场化水平	地区市场化指数
$open$	地区开放程度	地区进出口总额
$traffic$	地区交通发展水平	地区交通等固定资产投资

本章所有的样本数据均来自国家统计局、《中国固定资产投资统计年鉴(2006—2018)》《中国第三产业统计年鉴(2006—2018)》《中国体育事业统计年鉴(2006—2018)》、中经网统计数据库、国研网统计数据库。表 5.2 为上述变量描述性统计结果。

表 5.2　变量描述性统计

变量	样本数	均值	标准差	最大值	中位数	最大值
$sport\_output$	390	5.570	0.826	2.329	5.637	7.967
$sport\_invest$	390	12.940	1.406	6.251	13.140	15.240
$sport\_labor$	390	7.824	0.830	5.525	7.832	10.180
$income$	390	9.872	0.454	8.986	9.924	11.040
$tech$	390	0.013	0.026	0.000	0.004	0.160
gov	390	7.257	3.748	1.054	6.540	31.500
ins	390	0.423	0.090	0.286	0.402	0.806
$market\_index$	390	6.446	1.866	2.330	6.275	11.710
$open$	390	0.314	0.383	0.017	0.136	1.721
$traffic$	390	0.065	0.033	0.019	0.058	0.278

注：根据原始数据整理所得,具体整理方式:绝对数取对数,相对数不变。

5.3.2 面板门槛模型估计

下面对我国体育产业投资的经济增长效应的门槛特征进行实证检验。在进行面板门槛模型估计之前，需要确定门槛的个数，以此确定面板门槛模型的具体形式。首先，进行门槛效应检验，同时，采用Bootsrap方法反复抽样500次获得F统计量的渐进分布，并计算出相应的P值，检验结果见表5.3。由表5.3可得，单一门槛、双重门槛以及三重门槛效应在分别在10%和5%的水平下显著。

表5.3 门槛效应检验结果

门槛检验类型	F统计量	P值	临界值		
			1%	5%	10%
单一门槛检验	9.952	0.144	27.28	15.43	11.81
双重门槛检验	6.036	0.084	13.60	7.73	5.10
三重门槛检验	8.761	0.02	10.84	6.70	4.93

根据表5.3，核心解释变量地区体育产业投资与地区经济增长之间存在显著的门槛效应，说明我国地区体育产业投资与地区经济增长之间的关系确实存在非线性特征，由此进一步证实了本书选择面板门槛模型的合理性。表5.4给出了门槛估计值以及相应的95%置信区间。门槛估计值指的是当似然比检验统计量LR为零时γ的取值。

表5.4 门槛值估计结果

	门槛估计值	95%置信区间	
门槛值 γ_1	15263.702	8785.940	20368.492
门槛值 γ_2	19976.295	9081.166	45421.844
门槛值 γ_3	30893.803	9049.285	37355.656

根据表5.3和表5.4的门槛效应检验结果与门槛估计结果，以及相应的95%置信区间可以发现，虽然三重门槛效应在5%的水平上显

著,但是根据表 5.4 能够看出,门槛值 γ_3 为 30893.803,相应的 95% 置信区间为 9049.285—37355.656,此置信区间较大,同样涵盖了门槛值 γ_1 和 γ_2。同理,门槛值 γ_2 为 19976.295,相应的 95% 置信区间为 9081.166—45421.844,此置信区间更大,同样涵盖了门槛值 γ_1 和 γ_3。考虑到统计推断的可信度以及模型设定的简便,可以把面板门槛模型设定为单门槛模型,相应的门槛值为 15263.702。图 5.4 和图 5.5 给出了门槛值 γ_1 的似然比函数图。从图 5.4 和图 5.5 中可以清晰地看出门槛估计值 γ_1 及其相应的 95% 置信区间(对应图中虚线)。

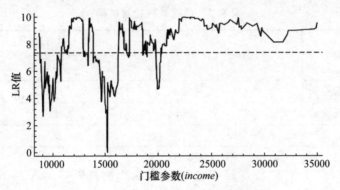

图 5.4　门槛 γ_1 的估计值和置信区间

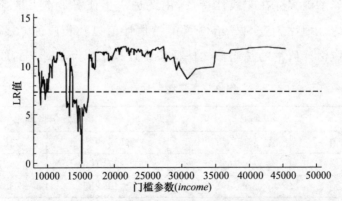

图 5.5　固定 γ_2 重新搜索门槛 γ_1 的估计值和置信区间

在上述门槛估计结果的基础上,下面根据 γ_1 门槛值将全部样本分成

第 5 章 我国体育产业高质量发展的门槛约束机制实证分析

低收入地区($Income \leqslant 15263.702$)和高收入地区($Income > 15263.702$)两种类型。下面对面板门槛模型进行估计,估计结果如表 5.5 所示。

其中,表 5.5 中的模型 1 为普通面板固定效应模型估计结果,模型 2 为考虑异方差影响的面板固定效应模型稳健估计结果,模型 3 为考虑了存在异方差和截面相关的稳健估计结果。由于我国各地区间联系日益紧密,各省份之间经济社会发展存在一定程度的相关性,因此可以认为模型 3 的估计结果更为可靠。表 5.5 中的变量 $sport\_invest\_low$ 和 $Sport\_invest\_hign$ 分别表示低收入地区和高收入地区的体育产业投资对地区生产总值的影响。

表 5.5 面板门槛模型估计结果

变量	模型 1	模型 2	模型 3
$sport\_invest\_hign$	0.0861***	0.0861*	0.0861**
	(2.67)	(1.74)	(2.64)
$sport\_invest\_low$	0.0087**	0.0087	0.0087*
	(2.06)	(1.65)	(2.15)
$sport\_labor$	0.0718	0.0718	0.0718**
	(1.54)	(1.04)	(2.62)
$income$	0.985***	0.985***	0.985***
	(8.67)	(5.74)	(7.29)
$tech$	2.928*	2.928*	2.928**
	(1.84)	(1.92)	(2.59)
gov	0.0789***	0.0789***	0.0789***
	(14.88)	(9.83)	(21.68)
ins	−1.997***	−1.997**	−1.997***
	(−4.08)	(−2.71)	(−8.17)
$market\_index$	−0.0952***	−0.0952***	−0.0952***
	(−4.55)	(−2.84)	(−3.35)
$open$	−0.0727	−0.0727	−0.0727
	(−0.45)	(−0.45)	(−0.70)
$traffic$	0.281	0.281	0.281
	(0.36)	(0.26)	(0.26)

(续表)

变量	模型 1	模型 2	模型 3
$cons$	-5.010^{***}	-5.010^{***}	-5.010^{***}
	(-5.79)	(-3.86)	(-4.67)
r^2		0.705	0.705
r^2_w	0.705	0.705	0.705
F	80.66	67.36	839.5

注：(1) $*$ 表示 $p<0.1$，$**$ 表示 $p<0.05$，$***$ 表示 $p<0.01$；(2) 括号内数值为 t 统计量。

5.3.3 门槛约束机制检验结论

根据表 5.5 中的模型 3 给出的面板门槛模型估计结果，可以看出，在不同收入水平地区，体育产业固定资产投资对地区体育产业产值增长的影响呈现出带有明显结构变化的非线性特征，这种特征具体表现为：当城镇居民人均可支配收入低于 15263.702 元（2005 年为基期）时，体育产业固定资产投资对地区体育产业增长的拉动系数仅为 0.0087，实证结果说明，体育产业固定资产投资增加 1%，仅能带动地区体育产业产值增长 0.87%，拉动系数绝对值较小，接近于 0，且系数仅在 10% 的水平上显著，说明此阶段体育产业固定资产投资对地区体育产业增长的影响较小；当城镇居民人均可支配收入大于 15263.702 元（2005 年为基期）时，体育产业投资对地区经济增长的拉动系数大幅增加，拉动系数高达 0.0861，实证结果说明体育产业固定资产投资增加 1%，能够带动地区体育产业产值增长 8.61%，拉动能力较大，且系数在 5% 的水平上显著，说明此阶段体育产业固定资产投资能够对地区体育产业增长产生较大的积极影响。概而言之，我国各地区体育产业固定资产投资对地区体育产业增长的影响受地区城镇居民人均可支配收入水平的约束，且存在较为显著的门槛特征。

在低收入地区，即城镇居民人均可支配收入低于 15263.702 元

(2005年为基期),增加体育产业投资对地区体育产业增长的影响较小。当地区的可支配收入处于较低水平时,人们的消费需求以基本生活必需品为主,对于第三产业的产品和服务需求水平较低,因而居民对体育产业的产品和服务需求相对较少。在收入水平较低的地区,盲目增加体育产业投资,不仅会造成有限资源的浪费,还会挤占其他生产性投资支出;同时,体育产业投资对地区体育产业的发展影响也较为有限。在高收入地区,即城镇居民人均可支配收入超过15263.702元(2005年为基期),增加体育产业投资会显著地促进地区体育产业产值的增长。居民可支配收入水平的提高不仅能够刺激消费需求总量的扩大,而且也会使地区消费结构发生变化,呈现出多层次和多样化特征。随着消费结构的不断升级,居民对体育产品和服务产生巨大的需求空间,在消费需求的刺激下体育产业投资规模不断扩大、投资结构不断优化。同时,体育产业投资会通过关联效应积极拉动上下游产业及其他相关产业投资的增长,进而对地区体育产业增长产生积极显著的影响。

基于上述面板门槛模型估计结果,进一步收集整理2021年我国居民可支配收入的横截面数据,并将其转换为以2005年为基期的实际城镇居民可支配收入,我国绝大部分省份的城镇居民可支配收入均超过15263.702元。因此,结合面板门槛模型的实证估计结果,可以认为,从整体上来看,当前我国体育产业投资水平不足,大部分地区加大体育产业投资能够积极促进地区经济发展。

本 章 小 结

本章通过理论和实证分析表明,我国体育产业投资对经济增长的影响受居民收入水平的约束,存在显著的门槛效应。具体而言,我国体育产业投资对经济增长的影响在低收入地区呈现出显著的负向效应，在中等收入地区呈现出正向效应，但不显著，而在高收入地区则呈现出显著的正向效应。基于研究结论，相应的政策启示如下：

在不同收入水平地区，体育产业固定资产投资对地区体育产业产值增长的影响呈现出带有明显结构变化的非线性特征，这种特征具体表现为我国各地区体育产业固定资产投资对地区体育产业增长的影响受地区城镇居民人均可支配收入水平的约束，且存在较为显著的门槛特征。在收入较低的地区，增加体育产业投资对地区体育产业增长的影响较小。在收入较高的地区，增加体育产业投资会显著地促进地区体育产业产值的增长。当前，绝大多数省份城镇居民可支配收入高于"门槛值"。因此，从整体上来看，当前我国体育产业投资水平不足，在我国大部分地区加大体育产业投资能够积极促进地区经济发展。

第6章　我国体育产业高质量发展产业关联机制实证分析

现实情况下,国民经济各部门之间相互联系、相互依赖、相互影响,体育产业也不例外。体育产业的发展不仅依赖内生动力,还深度依赖国民经济部门之间的产业关联。本章借助产业关联机制分析的经典模型——投入产出模型,分析我国体育产业对其他产业部门的直接和间接的消耗、分配情况,进而揭示我国体育产业对其他国民产业部门的依存和波及程度。

6.1　体育产业关联机制分析模型介绍

体育产业的发展不仅要依赖其内部市场提供的内生动力,还深度依赖外部市场提供的外生动力。根据前文的产业关联理论分析,体育产业与其他产业之间存在着广泛的、复杂的和密切的技术经济联系,这种产业关联主要是通过产品、劳务、生产技术、价格、投资等途径得以实现。因此,体育产业高质量发展与其他关联产业的发展状况密切相关。相关产业的发展变化不仅通过供求、价格等机制影响体育产业产品和服务生产的规模,而且还会通过技术进步等途径影响体育产业产品和服务的质量。因此,其他相关产业的发展演变能够为体育产业的发展带来一系列的机遇或挑战。通常情况下,某个产业产品和服务的价格波动会通过收入效应、替代效应对体育产业的产品和服务结构产生影响。

6.1.1 投入产出模型基本原理

现有的文献中,投入产出模型是分析产业关联的最常用也是最基本的研究方法。产业部门之间的投入产出关系实际上描述的是产业之间产品与服务的相互消耗、相互依存的依赖共生关系。广大学者通常用产业关联度来衡量产业之间的关联关系。具体而言,产业关联度刻画的是当某个产业部门的投入产出数量发生变动时,相关联产业所"感受"到的被波及程度和被影响程度。一般通过投入产出模型计算产业之间的消耗系数与分配系数来刻画产业之间联系的密切程度。

1936年,产业关联理论的创始人里昂惕夫阐述了投入产出理论的基本原理。1950年,联合国成立国际投入产出协会,此后投入产出分析模型在世界许多国家得到广泛运用。上世纪60年代,我国开始关注投入产出模型。投入产出表又被称为部门联系平衡表,主要是通过复式记账法,记录一定时期内产业部门投入与产出的相互联系和比例关系。

投入产出模型中的"投入"指的是各个行业的产品生产过程中所消耗的各种生产要素;"产出"指的是各行业所生产的产品的分配去向或流向,例如,用于生产资料消费、生活资料消费或者资本积累。投入产出模型是根据投入产出表,建立相应的线性代数方程组来模拟社会再生产过程中我国民经济各产业部门产品的相互"流入""流出"的统计模型,通过分析产业间的投入与产出的数量比例关系来分析各产业间的各种重要的比例关系。投入产出表分为多种类型,按照计量单位可以分为实物型投入产出表、价值型投入产出表、能源型投入产出表和劳动型投入产出表等。我国一般采用价值型投入产出表。

价值型投入产出表可以按照行、列,以及行和列之间关系分别建立起平衡关系。就体育产业关联机制来说,体育产业各细分行业基本处于产业链下游,体育产业生产发展需要"依赖"其他产业部门提供原材料或者中间产品,而需要体育产业提供原材料或者中间产品的则较少,即体育产业对其他产业的波及程度较小。

6.1.2 产业依存度分析模型

直接消耗系数和完全消耗系数是用来量化分析产业之间相互依赖、相互制约程度的最常用指标。

(1) 直接消耗系数

直接消耗系数的经济含义是指在社会再生产过程中,j 行业生产一单位产出所直接消耗 i 部门产品的价值量,一般用 a_{ij} 表示,计算公式如下:

$$a_{ij} = \frac{x_{ij}}{X_j} \quad (i,j = 1,2,3,\cdots,n) \tag{6.1}$$

以体育产业部门和农业部门为例,用 j 表示体育产业,i 表示农业部门,则上式(6.1)中,x_{ij} 表示体育产业部门(j)生产产品或服务的时候需要直接消耗农业部门(i)所生产的产品或服务的价值量。直接消耗系数 a_{ij} 反映的是在社会再生产过程中,体育产业部门与农业部门之间直接的经济技术联系。

(2) 完全消耗系数

体育产业部门除了会直接消耗某些国民经济部门的"产出"外,由于体育产业与有关产业之间存在着间接联系,因此体育产业生产过程中除了直接消耗外还存在大量的间接消耗。例如,体育健身器材制造过程中会直接消耗钢材等冶金制品,同时钢材等冶金制品的制造过程中会消耗煤炭、电力等能源,因此体育健身器材制造行业对煤炭、电力等能源行业存在着间接消耗。完全消耗由直接消耗和间接消耗构成,因此它能够全面、深刻地反映体育产业与其他国民经济产业部门之间的经济技术联系,对于正确地分析体育产业的外部关联机制十分重要。

完全消耗系数指的是在社会再生产过程中，j 行业生产一单位产出所直接和间接消耗 i 部门产品的价值量，一般用 b_{ij} 表示，计算公式如下：

$$b_{ij} = a_{ij} + \sum_{k=1}^{n} b_{ik} \cdot a_{kj} \quad (i, j = 1, 2, 3, \cdots, n) \quad (6.2)$$

以体育产业部门和农业部门为例，j 表示体育产业，i 表示农业部门；b_{ij} 表示完全消耗系数，即体育产业部门（j）生产产品或服务的时候需要直接和间接消耗农业部门（i）所生产的产品或服务的价值量；a_{ij} 为直接消耗系数。上式中的 $\sum_{k=1}^{n} b_{ik} \cdot a_{kj}$ 为间接消耗系数，其中 k 为中间产品部门。$\sum_{k=1}^{n} b_{ik} \cdot a_{kj}$ 的经济含义为，体育产业通过 k 种中间产品而形成的对农业部门的全部间接消耗品的价值量。b_{ij} 反映的是在社会再生产过程中，体育产业部门与农业部门之间的直接和间接的经济技术联系。间接消耗系数计算相对复杂，而且无法直接从投入—产出流量表中求得，在实际应用过程中，一般通过矩阵运算来求得完全消耗系数矩阵，常用矩阵 B 来表示，具体计算公式如下：

$$\boldsymbol{B} = \begin{bmatrix} b_{11} & b_{12} & \cdots & b_{1n} \\ b_{21} & b_{22} & \cdots & b_{2n} \\ \vdots & \vdots & \cdots & \vdots \\ b_{n1} & b_{n2} & \cdots & b_{nn} \end{bmatrix} = (\boldsymbol{I} - \boldsymbol{A})^{-1} - \boldsymbol{I} \quad (6.3)$$

式(6.3)中，$(\boldsymbol{I} - \boldsymbol{A})^{-1}$ 为里昂惕夫逆矩阵，矩阵 $\boldsymbol{A}$ 为由直接消耗系数组成的直接消耗矩阵，$\boldsymbol{I}$ 为单位阵。

6.1.3 产业波及度分析模型

前文的消耗系数是从投入的角度（列向）出发，分析产业之间的技术经济联系。与消耗系数不同，分配系数的基本含义是某一产业的产品或服务分配给另一产业部门作为生产要素使用的价值量占前者所生产的全部产品或服务的总价值量的比例。类似地,分配系数包括直接和完全分配系数。

(1) 直接分配系数

直接分配系数的经济含义是指在社会再生产过程中,i 产业部门所生产的产品或服务直接分配给 j 部门作生产使用的部分占 i 部门总产出的比重,一般用 r_{ij} 表示,计算公式如下:

$$r_{ij} = \frac{x_{ij}}{X_i} \quad (i,j = 1,2,3,\cdots,n) \quad (6.4)$$

以体育产业部门(i)和文化产业部门(j)为例,式(6.4)中 x_{ij} 表示的是体育产业部门(i)的产品或服务直接分配给文化产业部门(j)使用的价值量。X_i 表示的是体育产业部门产品或服务的总产出。r_{ij} 衡量的是在社会再生产过程中,文化产业部门对体育产业部门的消耗支出,换而言之,体育产业部门的产品或服务收入中来自文化产业部门所占的比重。

(2) 完全分配系数

体育产业部门与其他产业部门之间除了直接分配关系以外,还存在着潜在的间接分配联系。同完全消耗系数构造一样,直接分配系数与间接分配系数之和为完全分配系数,表示 i 产业部门所生产的产品或服务直接和间接分配给 j 部门作生产使用的部分占 i 部门总产出价值量的比重。与直接分配系数相比,完全分配系数更能够全面、系统地反映体育产业与其他产业部门之间的分配关系。由于间接分配系数计算相对复杂,而且无法直接从投入—产出流量表中求得,在实际应用的过程中,一般通过矩阵运算来求得完全分配系数矩阵,常用矩阵 H 来表示,具体计算公式如下:

$$H = \begin{bmatrix} h_{11} & h_{12} & \cdots & h_{1n} \\ h_{21} & h_{22} & \cdots & h_{2n} \\ \vdots & \vdots & \cdots & \vdots \\ h_{n1} & h_{n2} & \cdots & h_{nn} \end{bmatrix} = (I-R)^{-1} - I \qquad (6.5)$$

式(6.5)中,H 为完全分配系数矩阵,其中,$(I-R)^{-1}$ 为完全供给系数矩阵,矩阵 R 为由直接分配系数组成的直接分配系数矩阵,I 为单位阵。

6.2 体育产业对其他产业部门依存度静态分析

6.2.1 体育产业对其他产业部门的直接消耗

按照2017年国家统计局发布的国民经济行业分类标准,我们将2018年我国竞争性投入产出表中的细分行业进行归类,合并为大类行业。根据直接消耗系数计算公式,表6.1列出了体育产业与其他国民经济行业(大类)的直接消耗关系。根据表6.1可知,体育产业对其他行业(大类)直接消耗前十的行业如下:体育(0.0988)、制造业(0.0916)、住宿和餐饮业(0.0425)、租赁和商务服务业(0.0393)、交通运输仓储和邮政业(0.0374)、房地产业(0.0257)、居民服务修理和其他服务业(0.0231)、电热燃及水生产和供应业(0.0179)、金融业(0.0177)、批发和零售业(0.0116)。

表6.1 2018年体育产业的直接消耗(按行业大类分)

国民经济行业	直接消耗系数	直接消耗排名
体育	0.0988	1
制造业	0.0916	2
住宿和餐饮业	0.0425	3
租赁和商务服务业	0.0393	4

(续表)

国民经济行业	直接消耗系数	直接消耗排名
交通运输仓储和邮政业	0.0374	5
房地产业	0.0257	6
居民服务修理和其他服务业	0.0231	7
电热燃及水生产和供应业	0.0179	8
金融业	0.0177	9
批发和零售业	0.0116	10
信息技术服务业	0.0092	11
文化体育和娱乐业	0.0086	12
水利环境和公共设施管理业	0.0070	13
建筑业	0.0053	14
农林牧渔业	0.0040	15
公共管理和社会保障	0.0012	16
卫生和社会工作	0.0010	17
教育	0.0007	18
科技服务业	0.0003	19
采矿业	0.0002	20

注：根据我国2018年竞争性投入产出表计算所得。

根据表6.1数据可以看出，体育产业部门生产单位产品所消耗最多的是体育产业本部门的产品，体育产业部门每生产1亿元产出需要直接消耗0.0988亿元的本部门产品；其次是制造业，体育产业部门每生产1亿元产出需要直接消耗制造业部门0.0916亿元的产品；随后是住宿和餐饮业，体育产业部门每生产1亿元产出需要直接消耗0.0425亿元的住宿和餐饮业产品。另外，体育产业部门对租赁和商务服务业以及交通运输仓储和邮政业的直接消耗也比较大，体育产业部门每增加1亿元的产出就需要直接消耗0.0393亿元的租赁和商务服务业产品以及0.0374亿元的交通运输仓储和邮政业产品。

需要特别注意的是，体育产业部门对房地产业的直接消耗也比较大，直接消耗系数达0.0257。也就是说，体育产业部门每生产1亿元产出需要直接消耗0.0257亿元的房地产业产品。这与我国的部分房地产商热衷于投资体育产业,将房地产和体育捆绑式发展不无关系。特别是近年来,足球联赛已是房地产商的布局之地。2010年,恒大地产与广州足球发展代表中心签订俱乐部股权转让协议,恒大地产以1亿元的资金买断广州俱乐部100%的股权,以"房地产"与"足球产业"协调发展为目的掀起了一轮投资高潮。此外,山东鲁能泰山俱乐部的东家鲁能集团主要业务涉及电力和房地产领域,北京国安前东家中信集团主要业务涉及金融、地产、能源领域,现国安俱乐部的东家中赫集团也涉足了高端房地产领域。这也就不难理解为什么我国体育产业对房地产业存在比较大的直接消耗。

图6.1更加直观地刻画了体育产业与其他国民经济行业(大类)的直接消耗关系。其中,横轴为细分行业,纵轴为体育产业对其他行业(大类)的直接消耗系数。从图6.1中可以清晰地看出,体育产业对本产业部门、制造业、住宿餐饮业、租赁和商务服务业、交通运输仓储和邮政业、房地产业的直接消耗较大。

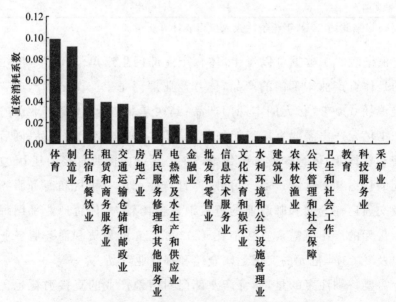

图6.1 2018年体育产业的直接消耗(按行业大类分)

由于国民经济行业大类划分相对比较笼统,各大类行业所涵盖的细分行业众多。为了更加精准地促进体育产业与其他产业高质量发展,需要深入地分析体育产业与具体行业之间的产业关联关系。根据直接消耗系数计算公式,表6.2列出了体育产业与其他细分行业的直接消耗关系。

表6.2 2018年体育产业的直接消耗(按细分行业)

细分行业	直接消耗系数	细分行业	直接消耗系数
体育	0.0988	精炼石油和核燃料加工品	0.0085
商务服务	0.0318	其他服务	0.0077
文教、体育和娱乐用品制造	0.0266	租赁	0.0075
房地产	0.0257	零售	0.0072
住宿	0.0223	城市公共交通及公路客运	0.0061
餐饮	0.0202	娱乐	0.0061
保险	0.0191	生态保护和环境治理	0.0057
货币金融和其他金融服务	0.0177	建筑装饰、装修和其他建筑服务	0.0053
居民服务	0.0154	互联网和相关服务	0.0044
航空旅客运输	0.0144	批发	0.0044
电力、热力生产和供应	0.0133	金属制品	0.0044
纺织服装服饰	0.0113	其他食品	0.0042
铁路旅客运输	0.0090	电信	0.0042

注:根据我国2018年竞争性投入产出表计算所得。

根据表6.2数据,体育产业对其他行业的直接消耗系数前十大细分行业为体育(0.0988),商务服务(0.0318),文教、体育和娱乐用品(0.0266),房地产(0.0257),住宿(0.0223),餐饮(0.0202)、货币金融和其他金融服务(0.0177),居民服务(0.0154),航空旅客运输(0.0144)。另外,体育产业对电力、热力生产和供应(0.0144),纺织服装服饰(0.0113),铁路旅客运输(0.0090),精炼石油和核燃料加工品(0.0085)等细分行业的直接消耗也比较大。

表6.2中的结果表明,体育产业部门生产单位产品所消耗最多的

还是体育产业本部门的产品,体育产业部门每生产1亿元产出需要直接消耗0.0988亿元的本部门产品;其次是商务服务业,体育产业部门每生产1亿元产出需要直接消耗0.0318亿元的商务服务产品;随后是文教、体育和娱乐用品制造业,体育产业部门每生产1亿元产出需要直接消耗0.0266亿元的文教、体育和娱乐用品制造业产品。另外,体育产业部门对房地产业、住宿业、餐饮业和保险业的直接消耗也比较大,体育产业部门每生产1亿元产出需要分别直接消耗0.0257亿元、0.0223亿元、0.0202亿元和0.0191亿元房地产业、住宿业、餐饮业和保险业产品。图6.2更加直观地反映了2018年体育产业对其他细分行业的直接消耗情况。

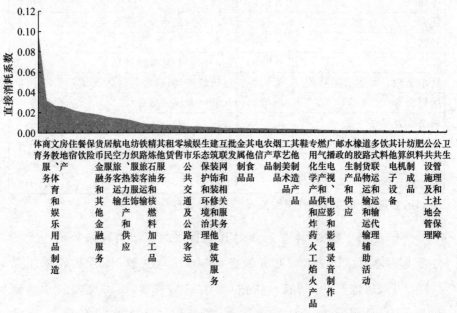

图 6.2 2018 年体育产业的直接消耗(按细分行业)

6.2.2 体育产业对其他产业部门的完全消耗

上文对于体育产业与其他国民经济产业部门的关联分析主要基于

产业间的直接关联。然而,根据投入产出模型和现实情况不难发现,其他产业部门的产品,如中间产品,除了直接投入体育产业部门的生产过程中外,还会间接地被体育产业部门消耗。因此,深入分析体育产业对其他产业的完全消耗能够更加科学、全面、精准地揭示体育产业与其他产业之间的产业关联。完全消耗系数不仅反映体育产业与其他产业部门之间的直接联系,还反映了它们之间的间接联系。

按照2017年国家统计局发布的国民经济行业分类标准,将2018年我国投入产出表中的细分行业进行归类,合并为大类行业。根据完全消耗系数计算公式,表6.3列出了体育产业与其他国民经济行业(大类)的完全消耗关系。根据表6.3容易发现,体育产业对其他行业(大类)完全消耗排名前十的行业如下:制造业(0.3946)、体育(0.1100)、租赁和商务服务业(0.0830)、交通运输仓储和邮政业(0.0810)、住宿和餐饮业(0.0611)、电热燃及水生产和供应业(0.0535)、房地产业(0.0535)、金融业(0.0534)、批发和零售业(0.0463)、采矿业(0.0434)。

表6.3 2018年体育产业对其他行业的完全消耗(按行业大类分)

国民经济行业	完全消耗系数	完全消耗排名
制造业	0.3946	1
体育	0.1100	2
租赁和商务服务业	0.0830	3
交通运输仓储和邮政业	0.0810	4
住宿和餐饮业	0.0611	5
电热燃及水生产和供应业	0.0535	6
房地产业	0.0535	7
金融业	0.0534	8
批发和零售业	0.0463	9
采矿业	0.0434	10
农林牧渔业	0.0383	11

(续表)

国民经济行业	完全消耗系数	完全消耗排名
居民服务修理和其他服务业	0.0312	12
信息技术服务业	0.0273	13
文化娱乐业	0.0124	14
水利环境和公共设施管理业	0.0096	15
公共管理和社会保障	0.0087	16
建筑业	0.0080	17
科技服务业	0.0044	18
教育	0.0016	19
卫生和社会工作	0.0014	20

注：根据我国2018年竞争性投入产出表计算所得。

表6.3数据表明，制造业是体育产业部门直接或间接消耗最多的部门，体育产业部门每生产1亿元产出需要直接或间接消耗制造业0.3946亿元的产品；其次是体育产业本部门的产品，体育产业每生产1亿元产出需要直接或间接消耗0.11亿元的本部门产品；随后是租赁和商务服务业，体育产业每生产1亿元产出需要直接或间接消耗0.083亿元的租赁和商务服务业产品。另外，体育产业对交通运输仓储和邮政、住宿餐饮、电热燃及水生产和供应、房地产、金融、批发和零售以及采矿等行业的直接或间接消耗也相对较大。

伴随着"互联网＋"时代的到来，各地区、各部门都在积极推动体育产业和信息产业的深度融合发展。但就2018年体育产业对信息产业部门产品的完全消耗系数绝对值来看，体育产业对信息产业的完全消耗系数只有0.0273，在国民经济20个行业大类中，排名13位。上述结果说明，现阶段我国体育产业与信息产业的融合程度仍然较低，"互联网＋体育经济"融合发展还有很大的提升空间。

图6.3刻画了体育产业与其他国民经济行业（大类）的完全消耗关系。从图6.3中可以清晰地看出，体育产业部门对制造业、体育产业本

部门、租赁和商务服务业、交通运输仓储和邮政业、住宿和餐饮业、电力热力燃气及水生产和供应业、房地产业、金融业、批发和零售业以及采矿业的直接或间接消耗较大。

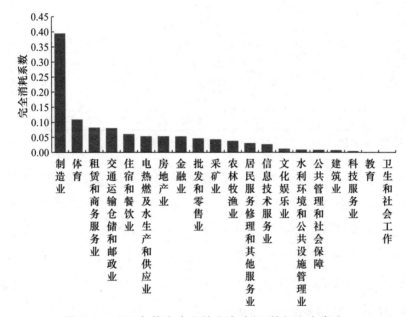

图6.3 2018年体育产业的完全消耗（按行业大类分）

本书根据完全消耗系数计算公式，进一步计算了体育产业与其他细分行业的完全消耗关系，结果如表6.4所示。

表6.4 2018年体育产业的完全消耗（按细分行业）

细分行业	完全消耗系数	细分行业	完全消耗系数
体育	0.1100	石油和天然气开采产品	0.0222
商务服务	0.0722	航空旅客运输	0.0193
房地产	0.0535	居民服务	0.0181
货币金融和其他金融服务	0.0534	纺织服装服饰	0.0178
电力、热力生产和供应	0.0441	棉、化纤纺织及印染精加工品	0.0165

(续表)

细分行业	完全消耗系数	细分行业	完全消耗系数
文教、体育和娱乐用品	0.0349	电子元器件	0.0160
餐饮	0.0313	金属制品	0.0154
住宿	0.0298	基础化学原料	0.0143
精炼石油和核燃料加工品	0.0284	专用化学产品和炸药火工焰火产品	0.0137
保险	0.0264	道路货物运输和运输辅助活动	0.0135
农产品	0.0245	造纸和纸制品	0.0134
零售	0.0234	其他服务	0.0131
批发	0.0229	有色金属及其合金	0.0118

注：根据我国2018年竞争性投入产出表计算所得。

表6.4中的结果表明，体育产业对其他行业的完全消耗系数最大的前十大细分行业如下：体育(0.11)，商务服务(0.0722)，房地产(0.0535)，货币金融和其他金融服务(0.0534)，电力、热力生产和供应(0.0441)，文教、体育和娱乐用品制造(0.0349)，餐饮(0.0313)，住宿(0.0298)，精炼石油和核燃料加工品(0.0284)，保险(0.0264)等行业。另外，体育产业对农产品(0.0245)，零售(0.0234)，批发(0.0229)，石油和天然气开采产品(0.0222)和航空旅客运输(0.0193)等细分行业的直接消耗也比较大。图6.4更加直观地反映了2018年体育产业对其他细分行业的直接或间接消耗情况。

6.2.3 体育产业对其他产业部门依存度特征

我们可以通过计算体育产业对其他产业的完全消耗系数和直接消耗系数二者的比值揭示体育产业与其他各产业部门之间的产业关联特征。如果完全消耗系数与直接消耗系数的比值远大于1，说明体育产业与该产业直接关联不大，但是它们之间存在复杂的间接性产业关联。反之，如果二者的比值接近于1，说明体育产业与该产业之间主要是直接消耗关系，间接通过其他产业的消耗较小。

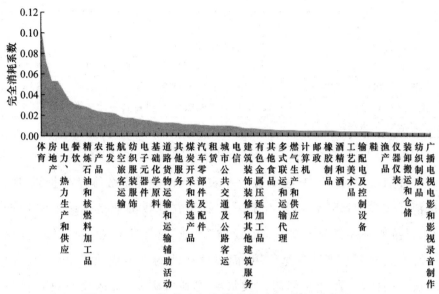

图 6.4　2018 年体育行业的完全消耗（按细分行业）

从表 6.5 中可以看到，体育产业对采矿业（210.22）、科技服务业（13.97）、农林牧渔业（9.53）、公共管理社会保障（7.17）、制造业（4.31）、批发和零售业（4.00）等产业部门的完全消耗系数与直接消耗系数的比值远大于 1。同时，体育产业对金融业（3.02）、电热燃及水生产和供应业（3.00）等产业部门的完全消耗系数与直接消耗系数的比值也相对较大（大于 1）。上述结果说明，体育产业对以上各类产业直接消耗较小，更多的是间接消耗。

表 6.5　2018 年体育产业对其他产业的完全消耗与直接消耗比值

国民经济行业	比值	国民经济行业	比值
采矿业	210.22	租赁和商务服务业	2.11
科技服务业	13.97	房地产业	2.08
农林牧渔业	9.53	教育	2.07
公共管理和社会保障	7.17	建筑业	1.51
制造业	4.31	文化娱乐业	1.45

(续表)

国民经济行业	比值	国民经济行业	比值
批发和零售业	4.00	住宿和餐饮业	1.44
金融业	3.02	水利环境和公共设施管理业	1.37
电热燃及水生产和供应业	3.00	卫生和社会工作	1.35
信息技术服务业	2.96	居民服务修理和其他服务业	1.35
交通运输仓储和邮政业	2.17	体育	1.11

注：根据我国2018年竞争性投入产出表计算所得。

特别地，采矿业、科技服务业和农林牧渔业等是被体育产业部门间接消耗较多的产业部门。由于采矿业和农林牧渔业是传统的基础产业，科技服务业是新兴的"基础设施"产业，这三个产业对整体的国民经济发展起到基础性支撑作用，而体育产业的进步依赖于众多产业的发展。因此，体育产业部门的发展会受到采矿业、农林牧渔业和科技服务业的制约。

另一方面，根据表6.5不难发现，体育产业对本产业部门(1.11)，居民服务修理和其他服务业(1.35)，卫生和社会工作(1.35)，水利环境和公共设施管理业(1.37)，住宿和餐饮业(1.44)，文化娱乐业(1.45)和建筑业(1.51)等产业部门的完全消耗系数与直接消耗系数的比值接近于1。这表明体育产业与以上各类产业的关联特征主要表现为直接的产业关联，而间接消耗相对较小。

6.3 体育产业对其他产业部门依存度动态分析

6.3.1 体育产业对其他产业部门直接消耗动态分析

前文通过对现阶段我国体育产业与其他产业部门的产业关联进行静态分析，揭示出当前我国体育产业与其他产业部门的产业关联静态特征（产业依存、产业波及）。然而，由于技术进步等因素的影响，体育产业与其他产业间的技术经济联系处于变动之中。为了深入揭示体育产业与其他产业之间的技术经济联系的动态变动特征,本书通过比较不同年份的直接消耗系数来大致反映出体育产业与其他产业之间经济技术关系的变动。

本书选取2007年、2012年、2018年我国的投入产出数据进行投入产出动态分析。表6.6显示了2007—2018年我国体育产业对其他产业部门的直接消耗系数变动情况,以及经济大致进入新常态以来(2018年与2012年相比较)体育产业对其他产业直接消耗系数的增长幅度。

表6.6 2007—2018年我国体育产业对其他产业的直接消耗系数

产业部门	2007年	2012年	2018年	增幅(%)
农、林、牧、渔业	0.000461	0.002234	0.004014	0.80
采矿业	0.001283	0.001481	0.000207	−0.86
制造业	0.229199	0.134314	0.091649	−0.32
电热燃气及水生产和供应业	0.043073	0.020435	0.017865	−0.13
建筑业	0.023520	0.011851	0.005320	−0.55
批发和零售业	0.020001	0.024126	0.011582	−0.52
交通运输仓储和邮政业	0.057986	0.040308	0.037369	−0.07
住宿和餐饮业	0.053557	0.026313	0.042524	0.62
信息传输、软件和信息技术服务业	0.013018	0.003422	0.009217	1.69
金融业	0.013199	0.027109	0.017683	−0.35
房地产业	0.010859	0.003298	0.025724	6.80
租赁和商务服务业	0.018235	0.013463	0.039260	1.92
科学研究和技术服务业	0.000177	0.000004	0.000313	74.29
水利、环境和公共设施管理业	0.002644	0.005821	0.023085	2.97
居民服务修理和其他服务业	0.018111	0.024717	0.007010	−0.72
教育	0.010238	0.002014	0.000749	−0.63
卫生和社会工作	0.016676	0.002502	0.001004	−0.60
文化娱乐业	0.010085	0.008258	0.008573	0.04
公共管理社会保障	0.000211	0.000498	0.001219	1.45
体育	0.056920	0.097048	0.098839	0.02

注:根据我国2007年、2012年、2018年投入产出表计算所得。

通过对比分析表 6.6 中的结果可以发现,体育产业直接消耗较大的产业部门相对稳定,分别是制造业、住宿和餐饮业,以及交通运输仓储和邮政业。因此,为了保证体育产业稳中有进、提质增效,也需保证上述几大类产业的高质量发展。

2012—2018 年,我国体育产业对农林牧渔业,住宿和餐饮业,信息传输、软件和信息技术服务业,房地产业,租赁和商务服务业,科学研究和技术服务业,水利、环境和公共设施管理业,文化娱乐业,公共管理和社会保障以及本产业部门的直接消耗均呈现上升态势。特别是,体育产业对科学研究和技术服务业的直接消耗增长最快,增幅高达 74.29%,这说明体育产业对科技进步的依赖性越来越高。

值得注意的是,体育产业对房地产业的直接消耗增幅位列第二,高达 6.8%。这与近年来我国众多房地产企业涉足体育产业领域关系密切。然而,随着我国各级政府逐渐加大了对房地产行业的调控力度,房地产开发投资增速逐渐回落。同时,受严峻的国际经济环境、新冠疫情、人口流出、经济发展等多重因素的影响,整体来看,当前房地产行业下行压力有所增加,许多前期依靠高负债率进行盲目扩张的房地产企业债务风险大增。随着"房地产热"逐渐退去,体育产业与房地产业的融合依存度极有可能出现下降趋势。

此外,2012—2018 年,虽然我国体育产业对采矿业、制造业、电热燃气及水生产和供应、建筑业、批发和零售业、交通运输仓储和邮政业以及金融业等产业部门的直接消耗呈下降态势,但直接消耗系数下降并不明显。图 6.5 是 2007—2018 年我国体育产业对其他产业部门直接消耗较大的前十大行业。

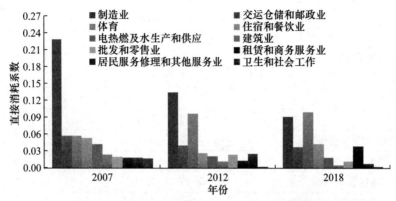

图 6.5 2007—2018 年我国体育产业对其他产业直接消耗情况

6.3.2 体育产业对其他产业部门完全消耗动态分析

本书通过比较不同年份的完全消耗系数来反映体育产业与其他产业之间经济技术关系的变动，以全面揭示体育产业与其他产业之间的技术经济联系的动态变动特征。在前文分析基础上，本章基于 2007 年、2012 年、2018 年我国体育产业对其他产业部门的直接消耗系数，进一步计算我国体育产业对其他产业部门的完全消耗系数的动态变动情况。表 6.7 中显示的是 2007—2018 年我国体育产业对其他产业部门的直接消耗系数变动情况，以及经济进入新常态以来（2018 年与 2012 年相比较）体育产业对其他产业完全消耗系数的增长幅度。

表 6.7　2007—2018 年我国体育产业对其他产业的完全消耗系数

产业部门	2007 年	2012 年	2018 年	增幅（%）
农林牧渔业	0.0620	0.0452	0.0383	−0.15
采矿业	0.1086	0.0759	0.0434	−0.43
制造业	0.9635	0.5487	0.3946	−0.28
电热燃气及水生产和供应	0.1424	0.0658	0.0535	−0.19
建筑业	0.0280	0.0172	0.0080	−0.54
批发和零售业	0.0508	0.0588	0.0463	−0.21
交通运输仓储和邮政业	0.1097	0.0822	0.0810	−0.01

(续表)

产业部门	2007年	2012年	2018年	增幅(%)
住宿和餐饮业	0.0738	0.0382	0.0611	0.60
信息传输、软件和信息技术服务业	0.0241	0.0099	0.0273	1.77
金融业	0.0492	0.0647	0.0534	−0.18
房地产业	0.0207	0.0147	0.0535	2.64
租赁和商务服务业	0.0390	0.0398	0.0830	1.09
科学研究和技术服务业	0.0082	0.0061	0.0044	−0.28
水利、环境和公共设施管理业	0.0048	0.0079	0.0312	2.95
居民服务修理和其他服务业	0.0307	0.0330	0.0096	−0.71
教育	0.0130	0.0030	0.0016	−0.48
卫生和社会工作	0.0197	0.0030	0.0014	−0.54
文化娱乐业	0.0148	0.0115	0.0124	0.08
公共管理和社会保障	0.0005	0.0013	0.0087	5.50
体育	0.0604	0.1070	0.1100	0.03

注：根据我国2007年、2012年、2018年投入产出表计算所得。

表6.7的结果表明，2007年我国体育产业完全消耗最大的前六大产业分别为：制造业、电热燃气及水生产和供应业、交通运输仓储和邮政业、采矿业、住宿和餐饮业、农林牧渔业。2012年，我国体育产业完全消耗最大的前六大产业分别为：制造业、体育产业、交通运输仓储和邮政业、采矿业、电热燃气及水的生产和供应业、金融业。2018年，体育产业完全消耗前六大产业分别为：制造业、体育产业、租赁和商务服务业、交通运输、仓储和邮政业、住宿和餐饮业、电热燃及水生产和供应业。

2007年以来，我国体育产业对制造业、交通运输仓储和邮政业以及电热燃气及水生产和供应业等产业部门的完全消耗相对稳定。2012—2018年，我国体育产业对公共管理和社会保障，水利、环境和公共设施管理业，房地产业，信息传输、软件和信息技术服务业，租赁和商务服务业，住宿和餐饮业，文化娱乐业以及体育产业自身的完全消耗呈增长态势。其中,我国体育产业对公共管理和社会保障行业的完全消耗上升最快,增幅高达5.50%,其次是水利、环境和公共设施管理业,增幅高达2.95%,再次为房地产业,增幅为2.64%。此外,体育产业对信息传输、软件和信息技术服务业的完全消耗不断上升,增幅为1.77%,说明体育产业与信息产业的融合依赖程度越来越高,对于我国体育产业实现高质量跨越式发展来说是一个非常积极的信号。

为了保证体育产业稳中有进、提质增效,也需要同时保证上述几大产业,特别是公共管理和社会保障行业,水利、环境和公共设施管理行业,以及信息传输、软件和信息技术服务行业的高质量发展。

另一方面,2012—2018年我国体育产业对居民服务修理和其他服务业、卫生和社会工作、建筑业、教育、采矿业、科学研究和技术服务业、制造业、批发和零售业、电热燃及水生产和供应、金融业、农林牧渔业、交通运输仓储和邮政业等产业部门的完全消耗呈下降态势。但是,从降幅来看,完全消耗系数下降得并不明显。图6.6显示了2007—2018年我国体育产业对其他产业部门完全消耗前十大行业的情况。

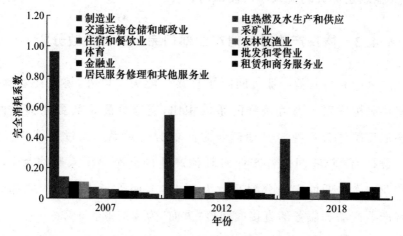

图6.6　2007—2018年我国体育产业对其他产业完全消耗情况

6.4 体育产业对其他产业部门波及效应分析

6.4.1 体育产业对其他产业部门直接分配系数分析

上文从投入的角度(列向)出发,借助消耗系数分析了体育产业与其他产业之间的技术经济联系。接下来,本部分将进一步从产出角度(横向)出发,借助消耗系数的基本思想分析体育产业与其他产业之间的技术经济联系,揭示其他产业对体育产业的消耗支出,即体育产业的产品或服务收入中来自其他产业所占的比重,以揭示体育产业产品和服务的"去向"。

根据直接分配系数相关计算规则,本书计算了体育产业与其他国民经济行业的直接分配关系。计算结果显示,体育行业对其他行业的直接分配系数均为 0,体育产业对本产业部门的直接分配系数为 0.0988,结果表明体育产业所生产的产品和服务除了居民直接消费以外,其他剩余部分均流入本产业部门。

6.4.2 体育产业对其他产业部门完全分配系数分析

体育产业与其他产业之间除了直接分配关系以外,还存在着潜在的间接分配联系。与直接分配系数相比,完全分配系数更能够全面、系统地反映体育产业与其他产业之间的分配关系。通过计算完全分配系数,2018 年我国体育产业对其他产业的完全分配系数均为 0,体育产业对本产业的完全分配系数为 0.11,表明除了直接消费的部分,体育产业产品和服务的直接或间接"去向"为本产业。

根据经济社会发展的实际,体育产业的各细分行业基本位于产业链末端。因此,体育产业部门所生产的产品或服务除了"回流"到消费者手中外很少"流向"其他产业部门,而还是"流入"体育产业。由此体育行业对其他行业的直接和间接分配系数均为0。

上文基于投入产出数据分析了现阶段我国体育产业对其他产业的波及效应。由于直接分配系数假设产业之间的技术经济关系不变,上述分析为我国体育产业与其他产业之间静态的技术经济联系。然而,由于技术进步、组织管理变革等因素的影响,体育产业对其他产业的波及效应处于动态变动之中。鉴于此,本书基于2007年、2012年、2018年我国的投入产出数据,计算了相应年份体育产业对其他产业部门的直接分配系数和间接分配系数。经计算可得,除了体育产业本产业部门以外,2007年、2012年、2018年体育产业对其他产业的直接分配系数和间接分配系数均为0。表6.8显示了2007—2018年我国体育产业对体育产业本部门的直接分配系数、完全分配系数的动态变动情况。

表6.8 2007—2018年我国体育产业对体育产业本部门分配系数

年份	直接分配系数	完全分配系数
2007	0.0569	0.0604
2012	0.0970	0.1070
2018	0.0988	0.1100

如表6.8所示,计算结果表明,2007—2018年,我国体育产业对本产业部门的直接分配系数和完全分配系数均呈上升趋势。其中,与2007年相比,2018年我国体育产业对本产业部门的直接分配系数上升了73.58%,完全分配系数上升了82.12%。可见近年来,在社会再生产的过程中,体育产业的产品和服务不再单纯地被直接消费掉,而是越来越多地作为"中间产品"再次回流到本产业部门中进行"深加工"。我国体育产业进一步朝着"精耕细作"的方向发展,体育产业的产业链条进一步拉长,体育产品和服务的附加值不断提升。

本 章 小 结

本章借助产业关联机制分析的投入产出模型,分析我国体育产业对其他产业部门的直接和间接的消耗、分配情况,揭示了我国体育产业对其他国民产业部门的依存和波及程度。研究发现,现阶段我国体育产业与其他产业之间的技术经济联系处于不断的动态变动之中。

近年来,体育产业直接消耗较大的部门相对稳定,分别是制造业、住宿和餐饮业以及交通运输仓储和邮政业。因此,为了保证体育产业提质增效,也需要保证上述几大类产业的高质量发展。特别地,体育产业对科学研究和技术服务业的直接消耗上升最快,说明体育产业对科技进步的依赖性越来越高。另外,我国体育产业对公共管理和社会保障行业的完全消耗上升最快,其次是水利、环境和公共设施管理业,再次为房地产业。值得注意的是,近年来,体育产业对信息传输、软件和信息技术服务业的完全消耗增幅也相对较大,说明体育产业与信息产业的融合依赖程度越来越高,这对于我国的体育产业实现高质量跨越式发展来说是一个非常积极的信号。但就现阶段我国体育产业与信息产业的融合现状而言,"互联网+体育经济"融合发展还有很大的潜在提升空间。

此外,我国体育产业不断朝着多元化、高度化方向发展。在社会扩大再生产的过程中,体育产业的产品和服务不再单纯地被直接消费掉,而是越来越多作为"中间产品"再次回流到本产业部门中进行"深加工"。我国体育产业正进一步朝着"精耕细作"的方向发展,体育产业的产业链条进一步拉长,体育产品和服务的附加值不断提升。

第7章 政策启示

体育产业是民生产业、绿色产业,也是蓬勃发展的朝阳产业。目前,体育产业已成为一些发达国家国民经济发展的支柱产业。体育产业在满足人们体育运行、健康生活等需要方面发挥着不可替代的作用。目前,我国体育产业总体规模正在不断扩大,对经济社会发展的贡献率稳步上升,体育产业以及其他相关产业呈现出协同发展的良好态势。但是,体育产业发展也不可避免地面临着许多问题。为了推动我国体育产业实现高质量发展,更好地发挥体育产业对经济社会发展的推动作用,本书基于研究结论,提出以下政策启示:

第一,推动体育产业要素市场化配置综合改革。通过研究不难发现,要素供给机制是体育产业发展的内生驱动机制。体育产业的高质量发展当然离不开高水平、高效率的要素供给,把握供给侧结构性改革的机遇能够有效保障我国体育产业实现跨越式发展(李博,2016)。目前,我国体育产业要素市场存在一定程度的扭曲,政府干预要素配置力度偏大,同时,中低端体育类产品或服务供给过剩,高端体育类产品或服务供给不足。为此,要全面贯彻新发展理念,充分发挥市场在体育经济资源配置中的决定性作用,着力破除阻碍体育类要素自主有序流动的体制机制障碍,提高体育产业要素协同配置效率。推动以市场化方式盘活体育资产存量,鼓励各类市场主体通过改造升级等方式促进现有体育产业固定资产的再开发、再利用。推动资本要素服务体育产业经济发展,增加有效体育金融服务供给。鼓励金融机构开发与体育企业需求相匹配的信用产品,开发多样化的体育金融产品。加强创新型体育经济人才培养,壮大高水平体育产业经营管理人才队伍。深化"放管服"改革,加强体育要素市场信用体系建设。完善体育类公共数据开放共享机制和数据安全建设。鼓励各地区制定体育组织和体育企业的创新支持政策,加大政府采购力度,安排专项帮扶资金、减免企业房屋租金、给予赛事企业补贴、加强金融信贷支持、支持体育彩票销售、优化企业服务机制、建立困难企业精准帮扶机制、强化各级各地区部门联动。积极健全和完善体育投融资体制机制,加快建设发达的体育资本品市场和劳动市场,建立多元化的投融资机制,鼓励社会各领域资本力量投资建设小型化、多样化活动场馆和健身设施,推动互联网金融为体育消费提供精准定向服务。

第二,积极推动体育产业技术进步,鼓励企业创新发展模式。通过实证研究发现,现阶段,技术进步能够积极推动我国体育产业发展。因此,需要不断强化体育企业创新主体地位,支持体育行业领军企业组建创新联合体。同时,要积极关注体育产业领域内的技术研发,充分利用现代技术,培育"数字＋体育""互联网＋体育"等新业态,助力体育产业提质升级。时刻注意体育产业向线上和云端转移的风潮,积极从线上寻觅体育产业发展的机遇,鼓励发展"体育明星＋体育直播带货",打造各地区的体育类网红产品,积极打磨和开发健身APP、健身直播课等云端健身的产品和模式,鼓励企业充分利用新技术创新发展模式。同时,进一步运用新技术优化体育消费环境,通过多元化媒体平台积极引导和培育居民的体育消费观念,引导大众积极参与体育消费,综合运用大数据、云计算等现代化科学技术手段,研究不同地域、不同群体的消费需求偏好和购买力水平,精准推进体育消费市场开发(张亮、王文成,2021)。

第三,深挖体育消费潜力,培育体育消费市场。发达国家的体育产业发展依靠广泛的群众基础,大众积极参与体育运动、购买体育用品、观赏体育赛事，"自下而上"推动了体育产业的繁荣。同时，作为体育产业重点的体育健身休闲业和体育竞赛表演业在发达国家都很发达，对体育产业贡献度极高。但目前，我国体育健身休闲活动业增加值占体育产业增加值比重为7.4%，体育竞赛表演业增加值占体育产业增加值比重仅为1.1%，均处于不发达水平，这在一定程度上限制了体育产业的发展潜力。因而，应以扩大体育消费群体，培育体育消费市场为重要目标，坚持以人民为中心，积极落实全民健身国家战略。提高体育公共服务供给水平，推广适合群众参与的健身休闲运动项目，积极发展户外运动和特色运动，充分利用互联网、大数据等科学技术提升健身休闲服务水平。加快发展体育竞赛表演业，在职业赛事和群众喜爱的业余赛事上发力，提升赛事影响力和观赛服务水平。另外，积极拓宽体育消费渠道，建立健全完善的社会保障体系，探索医疗保险、工伤保险、医疗保健与健康体育衔接融合，解决一系列住房难，看病难等基本民生问题，消除民众的后顾之忧，释放居民对体育产品和服务的需求和消费潜力，进一步激发市场活力，形成良性的内部循环市场（张亮、王文成、魏惠琳，2018）。

第四，着力破除政府越位、缺位和失位问题，打造公平竞争和高效的营商环境。政府的职能在于制定体育政策法规、对体育发展进行监督，在不同体育组织之间起到信息沟通和联系桥梁的作用。政府应积极做好宏观管理、保护产权、发展竞技、资源配置、社会保障、培育市场、促进体育社团发展等方面的工作，以体育的社会化和产业化为发展目标，坚持政企分开、营利性和非营利性分开原则，明晰体育产业科学发展的管理体制（张亮、王文成、魏惠琳，2018）。树立以市场需求为导向的市场运行机制，积极鼓励体育产业走出完全依靠政府扶持的思维定式。

政府部门应加快转变政府职能，向服务型政府转变，简化行政审批流程，提高工作效率。尽量减少对市场的干预，加强对经济社会发展的服务能力,以服务和监督为主要职能,调动体育产业发展的积极性。同时相关司法执法部门要加强法律、制度的完善,为体育产业的市场化发展提供坚实的法律与制度保障,规范市场交易相应的法律法规,确保体育产业的各个市场主体的合法利益和平等地位不受伤害,保护体育产业各经营主体的生产积极性,营造公平竞争高效的市场环境,严厉打击取缔危害体育产业发展、扰乱市场秩序的不正当行为。另外,体育产业在发达国家所获得的良好发展,要归功于市场、政府和社会组织起到的双重作用。目前,我国体育产业治理结构中市场机制还不够完善、社会组织并不发达,政府也存在职能定位不清晰、越位和失位并存等问题,严重阻碍了体育产业领域要素的合理流动。因此,各地区要积极鼓励支持体育民间组织、行业协会等社会组织的发展,加快完善体育产业制度体系,提升产业治理水平,让体育产业管理体制能够适应产业现代化发展的需求,为我国体育产业实现高效发展注入新的活力和动力。

第五,提高体育产业发展的对外开放水平。研究发现,近年来,开放程度对我国体育产业发展影响有限。体育产业发展要坚持开放,充分吸纳国际和国内资本、技术、管理经验和高素质人才等体育产业资源,全面提升体育产业对外开放的层次和水平,促进各类体育高端要素的内外融通,建设"买全球卖全球"的体育产业服务中心。各地区要积极打造"跨境体育电商+体育市场采购+体育外贸综合服务"的体育产业开放融合发展新模式。

另外,坚持体育产业开放式发展,加强同世界各国的体育领域中的经济联系,以体育国际赛事、体育商品展览、体育人文交流,以及体育文化节等为交流和合作的纽带,以"一带一路"共建国家深化合作为重点,坚持体育经济类项目共建共商共享的原则,全面提升体育产业国际合作的水平。

第六,各地区结合经济社会发展的实际布局体育产业发展。各地区要在尊重区域发展差异的基础上,根据各地的资源禀赋、区位条件、产业基础、技术条件等因素进行综合规划,系统性搭建"区块链＋体育产业"创新发展的复合架构,"因地制宜、因时制宜"地促进体育产业的区域协同发展。对于低收入水平地区而言,由于大规模增加体育产业投资不利于地区经济增长,因此,低收入地区的体育产业投资政策需要具体问题具体分析,要在尊重区域发展差异的基础上,根据各地的资源禀赋、区位条件、产业基础、技术条件等因素进行综合规划,要着眼于经济社会和体育产业的长远发展,避免只顾局部利益和短期利益的同质化或跟风建设,不能盲目上马体育产业投资项目,应该立足本地区实际情况,坚持整体统筹规划,大力提高居民的可支配收入,建立完善的社会保障体系,提升区域内部的消费水平,优化发展环境,激发市场活力,夯实体育产业发展的市场基础。

对于中高收入地区而言,加大体育产业投资能够促进地区经济发展,因此,各地区要以市场需求为导向,完善产业政策,增加要素供给,积极发挥政府资金引导带动作用,加大金融支持力度,系统性搭建"区块链＋体育产业"创新发展的复合架构,促进体育产业的区域协同发展。另外,不断优化体育产业内部投资结构,尤其要提升体育服务业投资比重,优化产业布局,打造区域特色体育产业增长极,发挥体育产业投资对关联产业的回顾效应、旁侧效应和前瞻效应等产业关联效应,最大限度地促进地区经济发展。

第七,建立体育产业区域协调发展新机制。加强各地体育产业互联互通。大力发展地方特色体育产业模式,加强特色体育产业发展的立体式开发,通过打造体育产业集群,加强省际协调合作和相互促进,力争实现体育产业发展的范围经济,达到"共赢"的结果。同时,大力提升相关产业的关联度和产业核心竞争力,发挥核心优势产业的回顾效应、旁侧效应和前向效应,提高体育产业发展的服务能力和竞争力,发挥体育产业对交通、制造、旅游、金融、食宿等相关产业的扩散效应。

坚持整体统筹规划,优化体育产业布局,扬长补短,合理引导资金、人才、技术等生产要素向优势地区集中,建立体育产业增长极,打造专业化、区域化和品牌化产业集群。以经济发达地区为龙头,努力成为辐射带动周边体育产业发展牵引器,逐步实现体育产业发展质量的整体跃升(张亮、王文成、魏惠琳,2018)。

第八,综合考虑相关产业之间的平衡、统筹协调发展。本书实证分析发现,近年来我国体育产业直接消耗较大的部门相对稳定,体育产业对科技进步的依赖性日益增强,与信息产业的融合程度也逐渐提升越来越高。但基于我国体育产业发展现状,我国体育产业还需要进一步朝着"精耕细作"方向发展,进一步拉长体育产业链条,推动体育产品和服务附加值不断提升。另外,要积极推动体育产业与文化产业、旅游产业、电子信息等相关产业的复合经营,综合考虑产业之间的综合平衡、统筹协调发展。同时,具体的体育企业经营管理者还要积极关注相关联产业的技术变革,善于利用和分析其他产业的变动给体育产业带来的重大机遇和挑战,促进体育产业创新发展。

参 考 文 献

(一) 英文参考文献

[1] Adams J D, Jaffe A B. Bounding the Effects of R&D: An Investigation Using Matched Establishment Firm Data [J]. *Rand Journal of Economics*, 1996, 27(4).

[2] Aghion P. and Howitt P. A Model of Growth through, Creative Destruction [J]. *Econometrica*, 1992, (60).

[3] Abdi S, Awan H M, Bhatti M I. Is Quality Management a Prime Requisite for Globalization? Some Facts from the Sports Industry [J]. *Quality & Quantity*, 2008, 42 (6).

[4] Bai J. Estimation of a Change Point in Multiple Regression Models [J]. *Review of Economics and Statistics*, 1997, 79(4).

[5] Boyle R. Mobile Communication and the Sports Industry: The Case of 3G [J]. *Trends in Communication*, 2004, 12(2-3).

[6] Burger S, Goslin A E. Best Practice Governance Principles in the Sports Industry: An Overview [J]. *South African Journal for Research in Sport Physical Education & Recreation*, 2005, (27).

[7] Brandes L, Franck E, Theiler P. The Effect from National Diversity on Team Production-Empirical Evidence from the Sports Industry [J]. *Schmalenbach Business Review*, 2009, 10(2).

[8] Chan K. Consistency and Limiting Distribution of the Least Squares Estimator of a Threshold Autoregression Model [J]. *Annals of Statistics*, 1993, 21(1).

[9] Chang W. Application Research of AHP in Competitiveness Evaluation of Regional Sports Industry [C]. International Conference on Smart City & Systems Engineer-

ing. 2017.

［10］Domar E D. Capital Expansion, Rate of Growth, and Employment.［J］. *Econometrica*, 1946, 14(2).

［11］Duran S, Özener, Okan Örsan, Yakici E. League Scheduling and Game Bundling in Sports Industry［J］. *Computers & Industrial Engineering*, 2014, 74(1).

［12］Feng B. Study on Development Path of Shandong Sports Industry from the Perspective of Low-carbon Economy［J］. *Energy Procedia*, 2011, 5.

［13］Ekmekç Y A, Ekmekçi D R, İrmiş A. Globalization and the Sports Industry.［J］. *Pamukkale Journal of Sport Sciences*, 2013, 4(1).

［14］Fredberg T, Piller F T. The Paradox of Tie Strength in Customer Relationships for Innovation: A Longitudinal Case Study in the Sports Industry［J］. *R & D Management*, 2011, 41(5).

［15］Grant T, Kluge A G. SWOT Analysis on China's Sports Industry and Its Developing Strategy［J］. *Journal of Shenyang Sport University*, 2012, 84(3).

［16］Grossman G M, Helpman E. *Innovation and, Growth in the Global Economy*［M］. Cambridge: MIT Press, 1991.

［17］Hansen B. Threshold Effects in Non-Dynamic Panels: Estimation, Testing, and Inference［J］. *Journal of Econometrics*, 1999, 93(2).

［18］Harrod R. Towards a Dynamic Economics［M］. *Palgrave Macmillan*, 1948.

［19］Hicks J R. The Theory of Wages［J］. *American Journal of Sociology*, 1932, 32(125).

［20］Huang L. Research on Effect of Beijing Post-Olympic Sports Industry to China's Economic Development［J］. *Energy Procedia*, 2011, 5.

［21］Hulten C R, Esra B, Sylaja S. Infrastructure, Externalities, and Economic Development: A Study of the Indian Manufacturing Industry［J］. *The World Bank Economic Review*, 2006, 20(2).

［22］Hyysalo S. User Innovation and Everyday Practices: Micro-Innovation in Sports Industry Development［J］. *R & D Management*, 2010, 39(3).

［23］Jie Z. Reality and Dilemma: The Development of China's Sports Industry since the Implementation of the Reform and Opening-Up Policy［J］. *International Journal of the History of Sport*, 2015, 32(8).

[24] LeSage J, Pace R K. *Introduction to Spatial Econometrics* [M]. Boca Raton, US: CRC Press Taylor & Francis Group, 2009.

[25] Lucas, R E. On the Mechanics of Economic Development [J]. *Journal of Monetary Economics*, 1988,22.

[26] Min Z. The Model Construction of Collaborative Product Commerce on Sports Industry Value-chain [C]. International Conference on Information Management. 2011.

[27] Oga J, Kimura K. Recent trends in the sports industry in Japan [J]. *Journal of Sport Management*, 1993, 7(3).

[28] Pool J K, Arabzad S M, Asian S, et al. Employing Fuzzy ANP for Ranking the Personality of International Brands in the Sports Shoe Industry[J]. *Journal of Modelling in Management*, 2017, 13(1).

[29] Qinru S I. The Coordinated Development of Sports Industry and Tourism under the Perspective of Soft Power: A Case Study of Henan Province [J]. *Asian Agricultural Research*, 2014,6(2).

[30] Romer P M. Endogenous Technological Change [J]. *Journal of Political Economy*, 1990,(98).

[31] Romer P M. Increasing Returns and Long-Run Growth [J]. *Journal of Political Economy*, 1986,(94).

[32] Schmookler J. *Invention and Economic Growth* [M]. Cambridge: Harvard University Press, 1966.

[33] Shen K Y, Kou X J. Low Carbon Economy and Sustainable Development of Sports Industry [J]. *Advanced Materials Research*, 2012,(5).

[34] Solow R M. A Contribution to the Theory of Economic Growth [J]. *Quarterly Journal of Economics*, 1956,(1).

[35] Swan T W. Economic Growth and Capital Accumulation [J]. *Economic Record*, 1956, 32(2).

[36] Tu Y, Cao X, Zhang S, et al. Fuzzy Clustering Analysis-Based Chinese Sports Industry Scientific and Technological Innovation's Study[J]. *Journal of Computational & Theoretical Nanoscience*, 2016, 13(12).

[37] Uzawa H. Optimal Technical Change in an Aggregative Model of Economic Growth[J]. *International Economic Review*, 1965,6(1).

[38] Wang X L, Yang L, Ren H T. Characteristics and Layout of the Leisure Sports Industry in China[J]. *Journal of Physical Education*, 2015,(2).

[39] Yong G. Business Performance Evaluation of Sports Industry Listed-Companies Based on Factor Analysis[C]. International Conference on Smart Grid & Electrical Automation. 2017.

[40] Yu C C. Athlete Endorsement in the International Sports Industry: A Case Study of David Beckham[J]. *Urban Insight*, 2010, 6(3).

[41] Zahra S A, George G. Absorptive Capacity: A Review, Reconceptualization, and Extension[J]. *Academy of Management Review*, 2002, 27(2).

[42] Zhang B, Yu L, Tian M, et al. Sports Industry and Tourism Integrative Development Effectiveness Prediction[J]. *Journal of Chemical & Pharmaceutical Research*, 2015, 7(3).

(二) 中文参考文献

[1] 安虎森.区域经济学通论[M].北京:经济科学出版社,2003.

[2] 鲍明晓,于建涌.体育产权制度创新的思路和建议[J].体育文史,1995,(2).

[3] 鲍明晓.关于我国社会办体育的几个基本理论问题[J].体育文史,2000,(4).

[4] 鲍明晓.略论国外体育产业的起源[J].体育文史,2000,(2).

[5] 鲍明晓.体育产业政策论纲[J].北京体育师范学院学报,1996,8(3).

[6] 鲍明晓.职业体育是体育强国的核心竞争力[J].南京体育学院学报(社会科学版),2011,25(5).

[7] 蔡晓月.熊彼特式创新的经济学分析[D].复旦大学,2007.

[8] 蔡学俊,周洁,田维.我国体育事业区域均衡发展的实证分析[J].山东社会科学,2010,(7).

[9] 曹可强.体育产业概论[M].上海:复旦大学出版社,2004.

[10] 陈爱辉.我国体育产业政策变迁的研究[D].北京体育大学,2015.

[11] 陈林会.区域体育产业增长极培育研究[D].南京师范大学,2012.

[12] 陈颇.中国体育事业财政投入与经济增长关系的实证研究——基于1977—2010年的时间序列数据分析[J].武汉体育学院学报,2012,46(5).

[13] 陈晓峰.我国现今体育产业政策分析:存在问题与发展趋势[J].北京体育大学学报,2017,40(5).

[14] 程文广,刘兴.需求导向的我国大众冰雪健身供给侧治理路径研究[J].体育科学,2016,36(4).

[15] 丛湖平,郑芳,童莹娟,陆亨伯,罗建英,王乔君,林建君,董晓虹,潘雯雯.我国体育产业政策研究[J].体育科学,2013,33(9).

[16] 丛湖平.体育产业若干界说的辨析及相关问题的讨论[J].中国体育科技,2001,(12).

[17] 戴永冠,王家宏.体育强国建设中转变政府职能的分析[J].北京体育大学学报,2013,36(8).

[18] 段绪来,付群.中英体育产业发展综合比较及对我国的启示——基于英国体育卫星账户和中国体育产业统计公报[J].天津体育学院学报,2020,35(1).

[19] 范冠玺."网络社会"对我国体育事业发展的影响及政府控制策略研究[D].陕西师范大学,2016.

[20] 范敏."十二五"期间我国高职体育院校体育服务与管理专业人才培养方案研究[D].湖南师范大学,2014.

[21] 范松梅,白宇飞.中国体育产业发展与体育系统人力资源投入关系的实证分析[J].北京体育大学学报,2020,43(9).

[22] 方春妮.体育产业集群研究[D].上海体育学院,2009.

[23] 高庆勇,彭国强,程喜杰.美国体育产业发展经验及启示[J].体育文化导刊,2019,(9).

[24] 高巍.完善我国体育产业政策体系研究[D].东北师范大学,2014.

[25] 顾久贤.2022年冬奥会的举办对区域消费需求与行为影响的研究——以河北冰雪体育旅游为分析个案[J].体育与科学,2016,37(3).

[26] 郭铮.中国电子竞技体育产业现状及其发展策略研究[D].西安体育学院,2014.

[27] 国家体育总局体育经济司.新中国体育产业工作发展研究[J].体育文化导刊,2019,(10).

[28] 韩松,王莉.我国体育产业与养老产业融合态势测度与评价[J].体育科学,2017,37(11).

[29] 何国民,沈克印.体育事业投入与经济发展水平协整分析[J].体育科学,2012,32(6).

[30] 何国民.区域体育事业与经济协调发展评价研究[J].天津体育学院学报,

2011,26(5).

[31] 贺新家,潘磊.高质量发展视域下我国体育产业发展动力演进与展望[J].沈阳体育学院学报,2022,41(2).

[32] 侯高璐.供给侧改革的体育产业政策分析[D].北京体育大学,2016.

[33] 侯晋龙.体育产业:概念及其构成的质疑与讨论[J].体育科技文献通报,2007,(1).

[34] 花建.文化产业竞争力的内涵、结构和战略重点[J].北京大学学报(哲学社会科学版),2005,(2).

[35] 黄海燕,张林,陈元欣,姜同仁,杨强,鲍芳,朱启莹."十三五"我国体育产业战略目标与实施路径[J].上海体育学院学报,2016,40(2).

[36] 黄海燕.新时代体育产业助推经济强国建设的作用与策略[J].上海体育学院学报,2018,42(1).

[37] 胡佳澍,黄海燕.要素视角下区域体育产业效率及其影响因素——基于上海市各辖区 2014—2018 年数据的实证分析[J].体育学刊,2021,28(2).

[38] 江和平,张海潮.中国体育产业发展报告:2008—2010[M].北京:社会科学文献出版社,2010.

[39] 江小涓.体育产业发展:新的机遇与挑战[J].体育科学,2019,39(7).

[40] 江小涓.职业体育与经济增长:比赛、快乐与 GDP[J].体育科学,2018,38(6).

[41] 江小涓.中国体育产业:发展趋势及支柱地位[J].管理世界,2018,34(5).

[42] 姜同仁,刘娜.德国体育产业发展方式解析与启示[J].西安体育学院学报,2015,32(2).

[43] 姜同仁,宋旭,刘玉.欧美日体育产业发展方式的经验与启示[J].上海体育学院学报,2013,37(2).

[44] 姜同仁,夏茂森.新常态下中国体育产业发展与趋势预测研究[J].武汉体育学院学报,2015,49(5).

[45] 姜同仁,张林.我国体育产业发展面临的机遇与挑战——对国务院"新政策"的解读[J].北京体育大学学报,2015,38(12).

[46] 姜同仁,张林.英国体育产业发展方式及其经验借鉴[J].西安体育学院学报,2016,33(2).

[47] 姜同仁.新常态下中国体育产业政策调整研究[J].体育科学,2016,36(4).

[48] 金涛.建国以来中国体育事业的发展与现代化进程研究[D].安徽师范大学,2006.

[49] 李博."供给侧改革"对我国体育产业发展的启示——基于新供给经济学视角[J].武汉体育学院学报,2016,50(2).

[50] 李超,王正宝,卢小萍.新科技发展趋势与体育产业机遇研究[J].广州体育学院学报,2021,41(6).

[51] 李格非.供给侧结构性改革与中国体育产业发展[J].武汉体育学院学报,2016,50(4).

[52] 李恒.互联网重构体育产业及其未来趋势[J].上海体育学院学报,2016,40(6).

[53] 李建设,童莹娟.体育产业的关联效应与产业特性研究[J].天津体育学院学报,2006,(5).

[54] 李丽,张林.体育事业公共财政支出研究[J].体育科学,2010,30(12).

[55] 李圣鑫.论经济发展方式转型中我国体育事业的转型发展[J].沈阳体育学院学报,2012,31(1).

[56] 李亚慰.区域体育经济产业布局与结构研究[D].苏州大学,2014.

[57] 廖培.我国体育产业现状与发展前景[J].体育学刊,2005,(4).

[58] 刘波.德国体育政策的演进及启示[J].上海体育学院学报,2014,38(1).

[59] 刘东锋,史晨雨.英日体育产业理念及发展特色——专访英国谢菲尔德哈勒姆大学体育产业研究中心主任克里斯·格拉顿教授亚洲体育管理协会主席、日本早稻田大学原田宗彦教授[J].环球体育市场,2009,(1).

[60] 刘东锋.德国体育俱乐部发展与运行现状研究——基于德国体育俱乐部发展报告的解读[C].第十一届全国体育科学大会论文摘要汇编.2019.

[61] 刘江南.美国体育产业发展概貌及其社会学因素的分析[J].广州体育学院学报,2001,(1).

[62] 刘亮,付志华,黎桂华.供给侧改革视角下我国体育产业发展的新空间及动力培育[J].首都体育学院学报,2017,29(1).

[63] 刘青,蒋志学,卿平,程林林,郑宇.新时期政府发展体育事业的职能及职责的界定[J].成都体育学院学报,2004,(6).

[64] 刘青.新时期政府在体育事业发展中的角色[J].成都体育学院学报,2003,(1).

[65] 刘巍.体育事业与我国农村经济发展的关系[J].学术交流,2008,(5).

[66] 刘晓明.产业融合视域下我国体育旅游产业的发展研究[J].经济地理,2014,34(5).

[67] 刘燕舞.论城市发展与体育产业的推进[D].华南师范大学,2007.

[68] 刘勇,刘鸣鸣.我国中部中心城市体育产业集群发展研究[J].体育文化导刊,2010,(2).

[69] 刘远祥,李文辉.有效需求不足与我国体育产业发展的相关性分析[J].成都体育学院学报,2004,(5).

[70] 刘长江,刘惠.我国体育产业发展策略分析[J].体育文化导刊,2010,(8).

[71] 柳伯力.我国体育产业经营管理人才培养的问题与思考[J].体育文化导刊,2007,(8).

[72] 娄晶,王显峰,李宇明,陈志强.吉林省体育产业发展现状与相关因素分析[J].白城师范学院学报,2013,27(5).

[73] 卢嘉鑫,张社平.体育产业发展:理论与政策[M].北京:北京大学出版社,2011.

[74] 栾开封.我国体育产业发展现状及应注意的问题[J].体育文化导刊,2007,(10).

[75] 罗建英,丛湖平.商业性体育赛事网络结构特征及其关系[J].体育科学,2010,30(4).

[76] 吕庆华,龚诗婕.中国体育用品上市公司成长性评价研究——基于2009—2013年数据的分析[J].体育科学,2016,36(1).

[77] 马卫平,夏漫辉.我国体育人文社会学研究中的几个热点问题述略——基于国家社会科学基金体育学立项课题的分析[J].体育科学,2015,35(2).

[78] 孟令刚.北京市体育品牌赛事政府作用研究[D].苏州大学,2015.

[79] 闵健.我国体育主导产业的选择基准与选择取向[J].成都体育学院学报,2002,(6).

[80] 潘玮,沈克印.数字经济助推体育产业高质量发展的理论基础、动力机制与实施路径[J].体育学刊,2022,(5).

[81] 彭连清,林玲.试论我国体育主导产业的选择[J].浙江体育科学,2005,(2).

[82] 邱雪.城市化进程中的中国体育现状研究[J].北京体育大学学报,2017,40(2).

[83] 权德庆,徐文强,安儒亮,雷福民,马迅,李伟平.中国体育事业统计体系研究[J].体育科学,2009,29(11).

[84] 权德庆,徐文强,陈元欣,李伟平.中国体育事业统计体制改革研究[J].西安体育学院学报,2010,27(2).

[85] 任波,黄海燕.英美休闲体育产业发展特征与启示[J].体育文化导刊,2020,(10).

[86] 任波.英国体育产业结构演进及其启示[J].体育成人教育学刊,2020,36(1).

[87] 任波,戴俊."双循环"新发展格局下中国体育产业高质量发展:逻辑、动力与路径[J].体育学研究,2021,35(2).

[88] 任海.论体育产业对中国体育发展的影响[J].体育科学,2015,35(11).

[89] 任丽梅,王砾尧.体育产业改革催生新经济增长点[N].中国改革报,2014—10—21(1).

[90] 邵桂华,满江虹.基于系统动力学的体育事业协同可持续发展策略研究——以山东省为例[J].西安体育学院学报,2015,32(5).

[91] 沈克印,吕万刚.体育产业供给侧结构性改革:学理逻辑、发展现实与推进思路[J].武汉体育学院学报,2016,50(11).

[92] 沈克印."双循环"新发展格局下体育产业高质量发展的宏观形态与方略举措[J].体育学研究,2021,35(2).

[93] 沈克印,杨毅然.体育特色小镇:供给侧改革背景下体育产业跨界融合的实践探索[J].武汉体育学院学报,2017,51(6).

[94] 石岩.体育产业新政背景下中国体育产业发展的机遇与挑战[J].体育学刊,2014,21(6).

[95] 史红军.对体育产业内涵与外延的认识[J].武汉体育学院学报,2001,(5).

[96] 宋毅,刘巍.黑龙江省冰雪体育产业发展策略研究[J].冰雪运动,2008,(1).

[97] 苏秀华.体育产业经营与管理[M].北京:北京体育大学出版社,2008.

[98] 隋路.中国体育资源配置效率研究[M].北京:社会科学文献出版社,2011.

[99] 孙班军,赵晨.基于组织结构层面的体育产业治理机制探讨[J].西安体育学院学报,2009,(1).

[100] 孙克宜,秦椿林.试论体育管理体制与中国体育管理体制改革[J].北京体育大学学报,1995,(1).

[101] 谭焱良.体育消费的互惠机理及市场发展研究[D].中南大学,2014.

[102] 唐春芳.中国体育产业面临的问题及其发展策略[J].北京体育大学学报,2006,29(1).

[103] 田启.体育产业与旅游产业耦合发展研究[D].上海体育学院,2017.

[104] 田世昌,饶远,母顺碧,熊亚兵.我国东部地区体育产业发展分析[J].体育文化导刊,2009,(11).

[105] 汪元榜,鲍明晓.政府与体育产业[J].天津体育学院学报,2003,18(3).

[106] 王爱丰,陈勇军.经济体制转型与我国体育事业管理体制的改革[J].南京体育学院学报,2001,(6).

[107] 王晨曦,满江虹.中国体育产业高质量发展评价指标体系的构建:基于动力变革、效率变革、质量变革[J].首都体育学院学报,2020,32(3).

[108] 王戬勋,沈克印.疫情之下体育产业高质量发展的现实困境和推进思路[J].西安体育学院学报,2020,37(4).

[109] 王璐,李梦洁.基于熊彼特经济周期理论的当前经济危机重新解读[J].河北经贸大学学报,2013,34(3).

[110] 王先亮,杨磊,任海涛.我国休闲体育产业的特征及布局[J].体育学刊,2015,22(2).

[111] 王晓微.中国体育产业管理体制改革研究[D].吉林大学,2014.

[112] 王玉珍.中国体育旅游产业竞争力研究[D].北京体育大学,2013.

[113] 王治君.美国体育产业结构研究[D].华中师范大学,2014.

[114] 王子朴,朱亚成.新时代中国体育强国建设中的体育产业发展逻辑[J].北京体育大学学报,2018,41(3).

[115] 威廉·阿瑟·刘易斯.经济增长理论[M].北京:商务印书馆,2002.

[116] 韦林香.浅谈体育事业的发展与经济的关系[J].经济与社会发展,2008,(4).

[117] 温茜茜.中国产业发展模式研究[D].复旦大学,2013.

[118] 翁钢民,李凌雁.中国旅游与文化产业融合发展的耦合协调度及空间相关分析[J].经济地理,2016,36(1).

[119] 夏明,张红霞.投入产出分析:理论、方法与数据[M].北京:中国人民大学出版社,2013.

[120] 肖军,韦琪,段娟娟.基于DEA—Tobit模型的体育上市公司经营绩效评价

及影响因素研究[J].哈尔滨体育学院学报,2021,39(6).

[121] 谢洪伟,张红艳.基于全球价值链理论的区域体育用品制造产业集群升级研究——以福建晋江为例[J].南京体育学院学报(社会科学版),2009,23(5).

[122] 谢经良,孙晋海,曹莉.大数据时代我国体育产业发展的机遇、挑战与对策[J].上海体育学院学报,2015,39(4).

[123] 辛利.中国体育产业运行机制研究[J].中国体育科技,2002,(6).

[124] 邢尊明,程一辉,扈伟,孟庆光,陈洪淼.国家体育产业基地:实施进程、特征分析与推进策略[J].体育科学,2014,34(1).

[125] 邢尊明,周良君.我国地方体育产业引导资金政策实践、配置风险及效率改进—基于8个省、自治区、直辖市的实证调查及分析[J].体育科学,2015,35(4).

[126] 邢尊明.我国地方政府体育产业政策行为研究——基于政策扩散理论的省(级)际政策实践调查与实证分析[J].体育科学,2016,36(1).

[127] 徐开娟,黄海燕,廉涛,李刚,任波.我国体育产业高质量发展的路径与关键问题[J].上海体育学院学报,2019,43(4).

[128] 徐通,孙永生,张博.英国"社会投资型国家"体育政策研究[J].沈阳体育学院学报,2008,(5).

[129] 徐通.英国福利制度与大众体育政策演变[J].体育文化导刊,2008,(4).

[130] 徐运君.发展我国体育产业若干问题的思考[J].生产力研究,2011,(11).

[131] 宣杰.二战后英国体育产业的发展及其原因探析[D].南京大学,2017.

[132] 杨明,陶娟.中国体育用品制造产业集群品牌研究[J].体育科学,2014,34(8).

[133] 杨强.体育旅游产业融合发展的动力与路径机制[J].体育学刊,2016,23(4).

[134] 杨强.体育与相关产业融合发展的路径机制与重构模式研究[J].体育科学,2015,35(7).

[135] 杨瑞龙.国有企业改革逻辑与实践的演变及反思[J].中国人民大学学报,2018,32(5).

[136] 杨晓生.我国体育产业发展的制约因素及对策[J].体育学刊,2001,(4).

[137] 杨叶红,方新普.体育产业概念界定及分类研究[J].安徽师范大学学报(自然科学版),2011,34(4).

[138] 杨越.市场经济体制下中国体育经济发展研究[D].中国社会科学院研究

生院,2003.

[139] 杨越.体育强国:未来10年中国社会经济发展对体育事业的需求[J].体育科学,2010,30(3).

[140] 杨越.我国体育产业现状与未来发展重点分析——基于三次全国经济普查的调查研究[J].体育科学,2015,35(11).

[141] 杨治,产业经济学导论[M].北京:中国人民大学出版社,1985.

[142] 叶金育.体育产业发展中的财税政策工具:选择、组合与应用[J].体育科学,2016,36(6).

[143] 叶小瑜,李海.中国休闲体育研究进展及热点评析[J].上海体育学院学报,2016,40(6).

[144] 易剑东.中国体育产业的现状、机遇与挑战[J].武汉体育学院学报,2016,50(7).

[145] 于世浩,房游光.对国外体育经济政策问题的研究[J].体育学刊,1999,(2).

[146] 原毅军,董琨.产业发展理论及其应用[M].大连:大连理工大学出版社,2012.

[147] 岳强,陈光玖.谈体育事业的发展与经济的关系[J].西南农业大学学报(社会科学版),2006,(3).

[148] 张保华,李江帆,李冠霖,等.中国体育产业在国民经济中的地位和作用研究[J].体育科学,2007,27(4).

[149] 张高华.我国冰雪体育产业非均衡协调发展研究[J].北京体育大学学报,2017,40(12).

[150] 张蕾.国际环境变化对中国体育产业证券市场影响的动态性研究[J].体育与科学,2020,41(2).

[151] 张建华,刘仁军.保罗·罗默对新增长理论的贡献[J].经济学动态,2004(2).

[152] 张建辉,黄海燕,约翰·诺瑞德.国际体育产业发展报告[M].北京:社会科学文献出版社,2017.

[153] 张军,吴桂英,张吉鹏.中国省际物质资本存量估算:1952—2000[J].经济研究,2004,(10).

[154] 张雷.运动休闲特色小镇:概念、类型与发展路径[J].体育科学,2018,38

(1).

[155] 张亮,王文成,魏惠琳.吉林省体育产业发展影响因素研究[J].广州体育学院学报,2018,38(5).

[156] 张亮,王文成.中国体育产业投资的经济增长效应与门槛特征研究[J].沈阳体育学院学报,2021,40(6).

[157] 张林,黄海燕,王岩.改革开放30年我国体育产业发展回顾[J].上海体育学院学报,2008,32(4).

[158] 张瑞林,王先亮.我国体育产业管理体制研究[J].体育学刊,2010,17(10).

[159] 张瑞林.我国冰雪体育产业商业模式建构与产业结构优化[J].体育科学,2016,36(5).

[160] 张森.中美两国体育休闲产业比较分析研究[D].苏州大学,2013.

[161] 张世威.基于区域"增长极"理论的我国体育产业发展战略思考[J].北京体育大学学报,2010,33(7).

[162] 张新秀."互联网+"体育产业新业态发展模式研究[D].吉林大学,2017.

[163] 张毅恒,柳鸣毅.基于知识图谱的中国体育产业研究可视化分析[J].中国体育科技,2016,52(1).

[164] 张永韬.我国体育产业发展的新常态:特征、挑战与转型[J].体育与科学,2015,36(5).

[165] 张羽,杨铁黎,赵鑫.体育财政投入、体育事业发展与经济增长——基于我国时间序列数据的实证研究[J].北京体育大学学报,2015,38(6).

[166] 赵炳璞,蔡俊五,李力研,李卫东,鲍明晓,周旺成.体育产业政策体系研究[J].体育科学,1997,(4).

[167] 赵道静,陈林祥,潘磊.我国体育事业投入的产业关联研究[J].武汉体育学院学报,2010,44(10).

[168] 赵勇.新时代中国体育产业发展战略路径和对策措施研究[J].体育文化导刊,2018,(3).

[169] 郑风家,潘铁山.全球化视角下我国体育事业的可持续发展研究[J].沈阳体育学院学报,2013,32(1).

[170] 郑和明,尚志强,薛林峰.日本的体育产业发展现状、发展方式及启示[J].首都体育学院学报,2020,32(2).

[171] 郑鑫.中国体育产业可持续发展研究[J].山东体育学院学报,2011,27(6).

[172] 郑志强.中国地方体育产业政策比较研究[J].北京体育大学学报,2014,37(10).

[173] 中华人民共和国审计署.北京奥运会财务收支和奥运场馆建设项目跟踪审计结果[R],2009-6.

[174] 周波.论体育产业核心竞争力[D].湖南师范大学,2013.

[175] 朱启莹,徐开娟,黄海燕.资本市场支持体育产业高质量发展:作用机制、现实困境与路径选择[J].上海体育学院学报,2021,45(12).

[176] 朱自清.试论科学发展观与体育发展方式的转变[J].体育科学,2010,(7).

[177] 庄垂生.论制度变迁视野中的政府与市场[J].求实,2002,(1).

[178] 左晓瑛.体育产业及体育市场发展分析[J].中国商贸,2010,(2).